씽크톡톡 Think TokTok

기초에서 활용까지 한 번에 배우는

THINK TOKTOK

파워포인트 2010

씽크톡톡 파워포인트 2010

초판 2쇄 발행_2018년 3월 20일
지은이 웰북교재연구회 **발행인** 임종훈 **편집인** 강성재
표지·편집디자인 인투 **출력·인쇄** 동양인쇄주식회사
주소 서울특별시 영등포구 당산동5가 33-1(양평로 67) 한강포스빌 518호
주문/문의전화 02-6378-0010 **팩스** 02-6378-0011
홈페이지 http://www.wellbook.net

발행처 도서출판 웰북
ⓒ 도서출판 웰북 2018
ISBN 979-11-86296-49-3 13000

이 책은 저작권법에 따라 보호받는 저작물이므로 무단전재와 무단 복제를 금지하며,
이 책 내용의 전부 또는 일부를 이용하려면 반드시 저작권자와 도서출판 웰북의 서면동의를 받아야 합니다.
※ 잘못된 책은 바꾸어 드립니다.

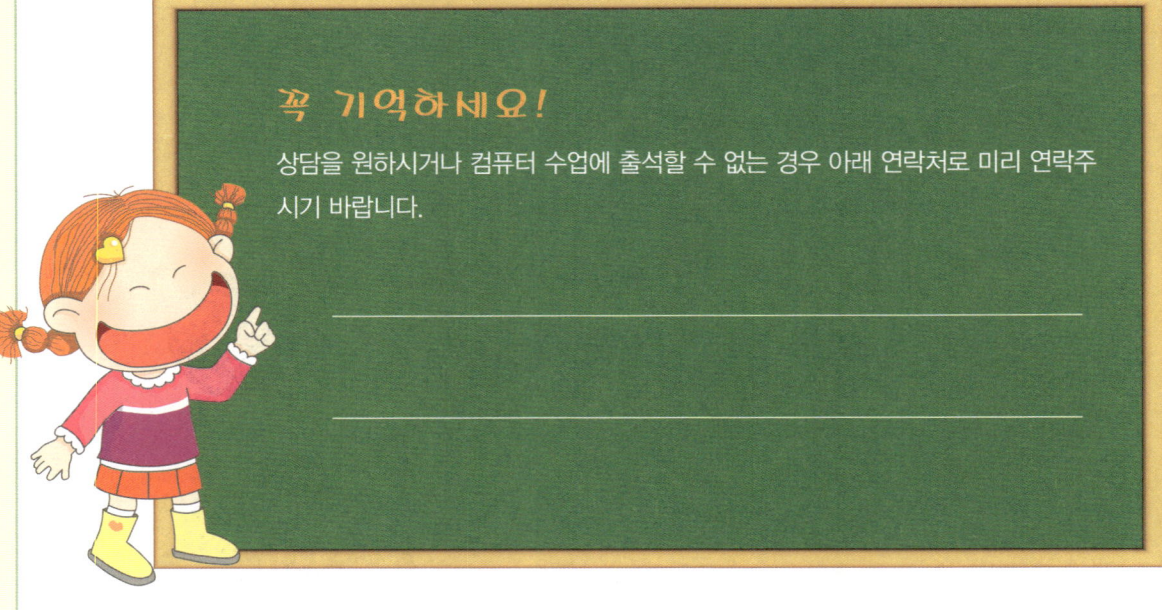

꼭 기억하세요!

상담을 원하시거나 컴퓨터 수업에 출석할 수 없는 경우 아래 연락처로 미리 연락주시기 바랍니다.

_____

_____

타수체크

초급단계

월 일	월 일	월 일	월 일	월 일	월 일
월 일	월 일	월 일	월 일	월 일	월 일
월 일	월 일	월 일	월 일	월 일	월 일
월 일	월 일	월 일	월 일	월 일	월 일
월 일	월 일	월 일	월 일	월 일	월 일

이 책의 목차

01장 처음 만나는 파워포인트 2010
- 01 파워포인트 2010을 살펴보아요 ········· 6
- 02 글자를 입력하고 고쳐보아요 ··········· 7
- 03 프레젠테이션 문서를 저장해요 ·········· 9
- 혼자서도 잘해요! ····················· 10

02장 슬라이드 글꼴 설정하기
- 01 글꼴 서식 설정하기 ·················· 11
- 02 글꼴 서식 복사하기 ·················· 14
- 혼자서도 잘해요! ····················· 15

03장 슬라이드 단락 설정하기
- 01 단락을 정렬해요 ···················· 6
- 02 글머리 기호와 번호 매기기를 적용해요 ··· 18
- 혼자서도 잘해요! ····················· 20

04장 도형 삽입하기
- 01 슬라이드에 도형 삽입하기 ············· 21
- 02 도형 서식 설정하기 ·················· 23
- 혼자서도 잘해요! ····················· 25

05장 스마트아트 삽입하기
- 01 스마트아트 삽입하기 ················· 26
- 02 스마트아트 서식 바꾸기 ··············· 28
- 혼자서도 잘해요! ····················· 30

06장 워드아트 삽입하기
- 01 워드아트 삽입하기 ··················· 31
- 02 워드아트 디자인 설정하기 ············· 33
- 혼자서도 잘해요! ····················· 35

07장 그림과 클립 아트 삽입하기
- 01 그림 삽입하기 ······················ 36
- 02 클립 아트 삽입하기 ·················· 38
- 혼자서도 잘해요! ····················· 40

08장 비디오와 오디오 삽입하기
- 01 비디오 파일을 삽입해요 ··············· 41

02 오디오 파일을 삽입해요. ··· 44
혼자서도 잘해요! ·· 45

09강 인터넷에서 자료 가져오기
01 인터넷의 텍스트와 그림을 슬라이드로 가져와요. ············· 46
02 인터넷 동영상을 슬라이드로 연결해요. ··························· 49
혼자서도 잘해요! ·· 50

10강 하이퍼링크 설정하기
01 슬라이드 이동하기 ··· 51
02 하이퍼링크 설정하기 ··· 54
혼자서도 잘해요! ·· 55

11강 페이지 설정과 테마 적용하기
01 슬라이드 크기와 방향을 바꿔요. ······································ 56
02 슬라이드 테마를 설정해요. ··· 58
혼자서도 잘해요! ·· 60

12강 표 삽입하기
01 슬라이드에 표를 삽입해요. ··· 61
02 표 스타일과 테두리 모양을 바꿔요. ································· 63
혼자서도 잘해요! ·· 65

13강 차트 삽입하기
01 슬라이드에 차트를 삽입해요. ·· 66
02 차트의 구성 요소들을 설정해요. ····································· 68
혼자서도 잘해요! ·· 70

14강 화면 전환 효과 적용하기
01 화면 전환 효과를 적용해요. ·· 71
02 화면 전환 옵션을 설정해요. ·· 73
혼자서도 잘해요! ·· 75

15강 애니메이션 설정하기
01 애니메이션 효과를 적용해요. ·· 76
02 애니메이션의 순서를 바꿔요. ·· 79
혼자서도 잘해요! ·· 80

16강 슬라이드 쇼 실행하기
01 슬라이드 쇼를 진행해요. ··· 81
혼자서도 잘해요! ·· 85

● 솜씨 뽐내기 ·· 86

01강 처음 만나는 파워포인트 2010

이렇게 배워요!

- 새로운 슬라이드를 만들고 저장하는 방법을 알아보아요.
- 글자를 입력하고 수정하는 방법을 알아보아요.

 **파워포인트 2010을 살펴보아요.**

파워포인트 2010은 다양한 발표용 문서를 만들 때 사용하는 프로그램입니다. 파워포인트 2010의 메뉴와 기능들의 위치를 알아보아요.

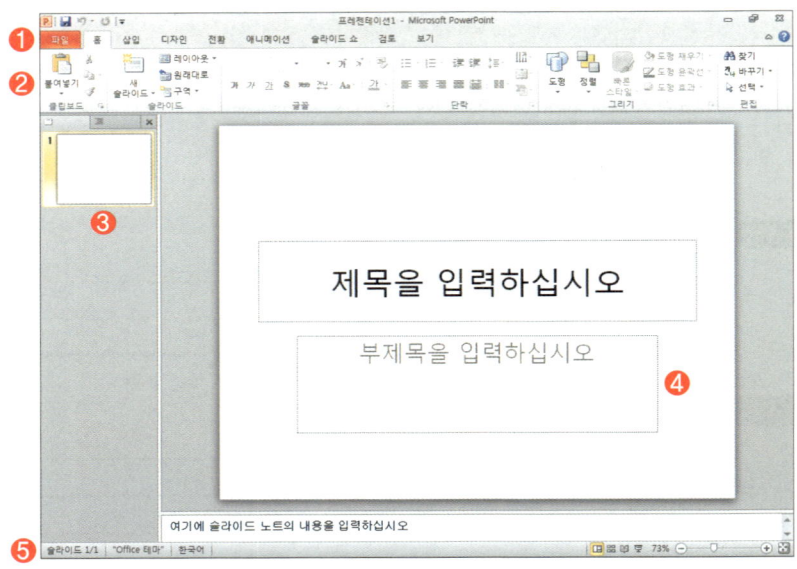

❶ **메뉴** : 슬라이드를 편집하는 기능을 선택할 수 있어요. 탭을 클릭하면 여러 메뉴가 표시돼요.
❷ **리본 메뉴** : 메뉴 탭을 클릭하면 해당하는 기능을 아이콘 모양으로 표시해요.
❸ **슬라이드 창** : 프레젠테이션 문서에 포함된 모든 슬라이드를 작게 표시해요.
❹ **편집 창** : 슬라이드에 글자나 도형, 그림 등을 삽입하고 편집할 수 있어요.
❺ **상태 표시줄** : 슬라이드 편집 정보를 표시하고 슬라이드를 확대/축소할 수 있어요.

 **글자를 입력하고 고쳐보아요.**

새로운 프레젠테이션을 만들고 비어있는 슬라이드에 글자를 입력하고 고치는 방법을 알아보아요.

[예제파일] 새로 만들기

① 파워포인트 2010을 실행하면 비어있는 슬라이드가 표시돼요. 그림과 같이 빈 곳을 클릭하고 제목과 부제목을 입력해요.

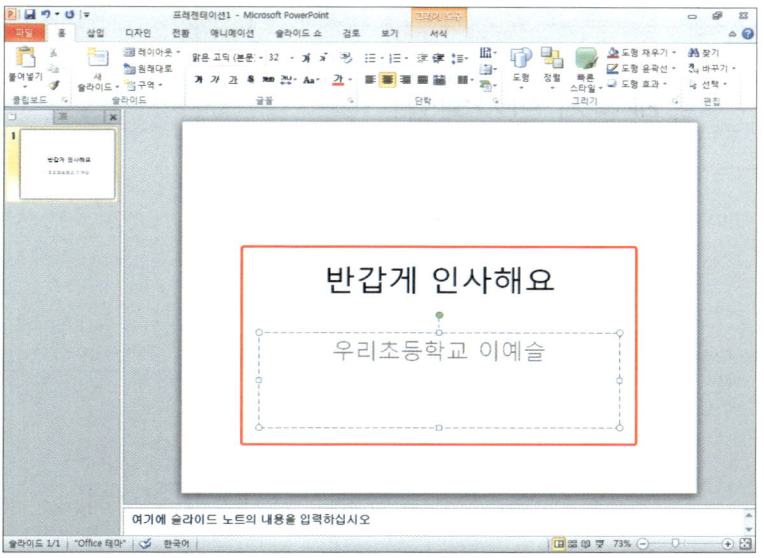

② 슬라이드를 추가하기 위해 [홈] 탭-[슬라이드] 그룹의 [새 슬라이드]를 클릭해요.

③ 슬라이드 목록이 표시되면 '제목 및 내용'을 선택해요. 새로운 슬라이드가 2번 슬라이드로 삽입되면 그림과 같이 내용을 입력해요.

만나면 인사해요

- 친구를 만나면 상냥하게 인사해요.
- 어른을 만나면 손을 모으고 인사해요.
- 인사할 때는 밝은 표정으로 미소를 지어요.
- 명랑하고 또렷한 목소리로 인사해요.

❹ 슬라이드를 수정하기 위해 1번 슬라이드를 선택해요. 제목 부분을 마우스로 클릭한 후 그림과 같이 내용을 수정해요.

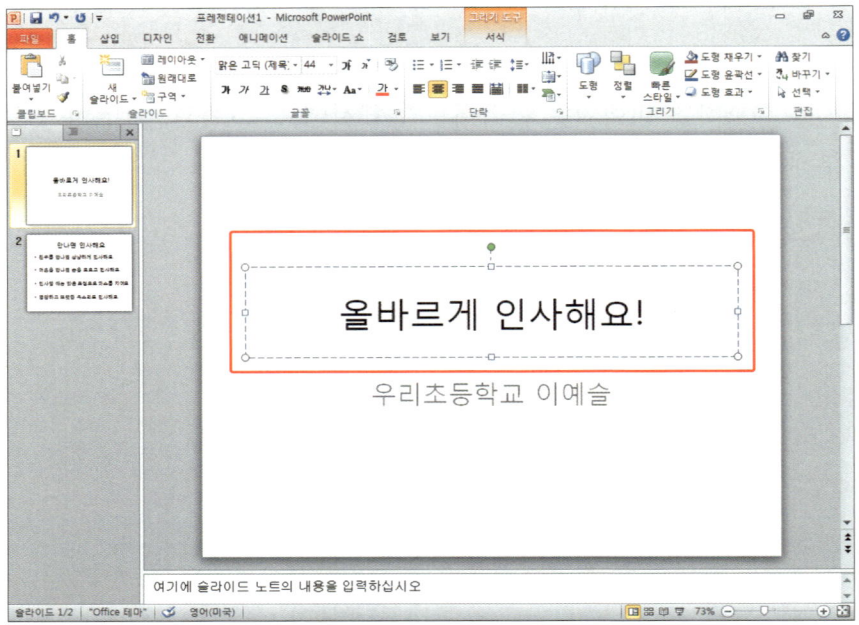

❺ 배운 방법을 이용하여 3번 슬라이드를 추가하고 그림과 같이 내용을 입력해요.

친구들과 인사해요

- 아침에 만나면, Good-Morning?
- 오후에 만나면, Good-Afternoon!
- 저녁에 만나면, Good-Evening!
- 내일 또 만나요! Good-Bye!!

03 프레젠테이션 문서를 저장해요.

편집이 끝난 문서는 컴퓨터에 저장해야 다시 사용할 수 있어요. 프레젠테이션 파일을 저장하는 방법을 알아보아요.

❶ 문서를 저장하기 위해 [파일] 탭-[다른 이름으로 저장]을 클릭해요.

❷ [다른 이름으로 저장] 대화상자가 표시되면 [파일 이름]에 '인사해요'를 입력하고 [저장] 단추를 클릭해요.

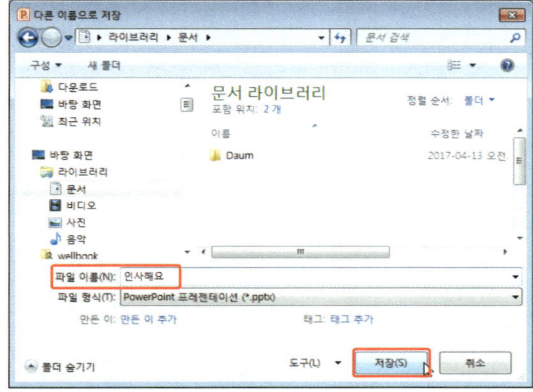

❸ 문서가 저장되면 화면 가장 윗 부분에 저장된 파일 이름이 표시돼요. 슬라이드 창의 1번 슬라이드 위에서 마우스 오른쪽 버튼을 클릭하고 [슬라이드 삭제]를 선택해요.

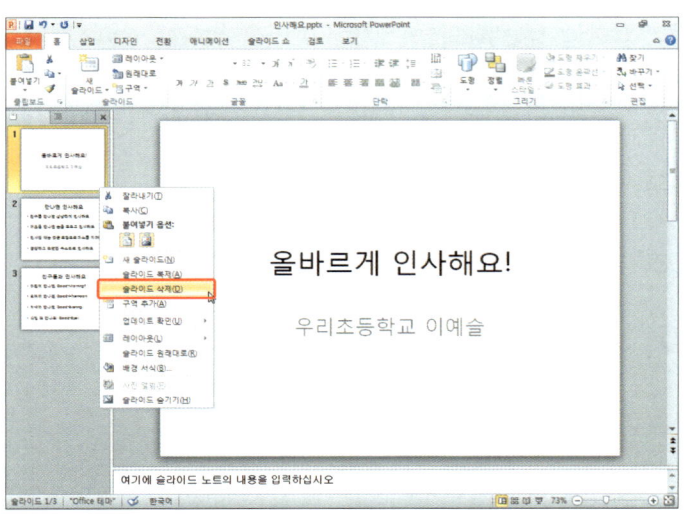

❹ 1번 슬라이드가 삭제되면 [파일] 탭-[저장]을 클릭해 파일을 다시 저장해 보세요.

01 그림과 같이 슬라이드를 만들고 '날씨.pptx' 파일로 저장해 보세요.

[예제파일] 새로 만들기

요일별 날씨

- 월요일 : 해가 쨍쨍! (=^^=)
- 화요일 : 구름이 많아요. (ㅠ.ㅠ)
- 수요일 : 비가 내려요. (^o^)
- 목요일 : 하루 종일 흐려요. (-_-)
- 금요일 : 가끔씩 눈이 와요. (^_^)
- 토요일 : 아침부터 구름이 많아요. (@.@)
- 일요일 : 오랜만에 날씨가 좋아요. (^ㅗ^)

02 파일을 불러온 후 그림과 같이 슬라이드를 수정하고 '한자사자성어.pptx' 파일로 저장해 보세요.

[예제파일] 사자성어.pptx

재미있는 사자성어

- 애지중지(愛之重之) : 매우 사랑하고 귀중히 여김

- 이구동성(異口同聲) : 여러 사람의 말이 한결같음

- 학수고대(鶴首苦待) : 몹시 애타게 기다림

- 박학다식(博學多識) : 학식이 넓고 아는 것이 많음

02강 슬라이드 글꼴 설정하기

이렇게 배워요!

- 슬라이드에 입력된 텍스트의 글꼴 서식을 설정하는 방법을 알아보아요.
- 글꼴 서식을 복사하는 방법을 알아보아요.

 **01 글꼴 서식 설정하기**

슬라이드에 입력한 텍스트의 글꼴 모양을 바꾸는 방법을 알아보아요.

📂 **[예제파일]** 새로 만들기.pptx

① 그림과 같이 2개의 슬라이드를 만들고 비어있는 곳에 텍스트를 입력해요.

> 나를 소개해요
>
> 우리초등학교 이예슬

> 나를 소개해요
>
> - 나는 강아지를 좋아해요.
> - 친구들과 함께 노래하는 것을 좋아해요.
> - 엄마가 만든 음식은 뭐든지 좋아해요.
> - 눈이 내리는 추운 겨울은 싫어해요.

❷ 1번 슬라이드의 제목 내용을 마우스로 드래그하여 선택해요. [홈] 탭-[글꼴] 그룹에서 [글꼴]은 '휴먼매직체', [글꼴 크기]는 '40pt', [글꼴 색]은 '연한 녹색'으로 선택해요.

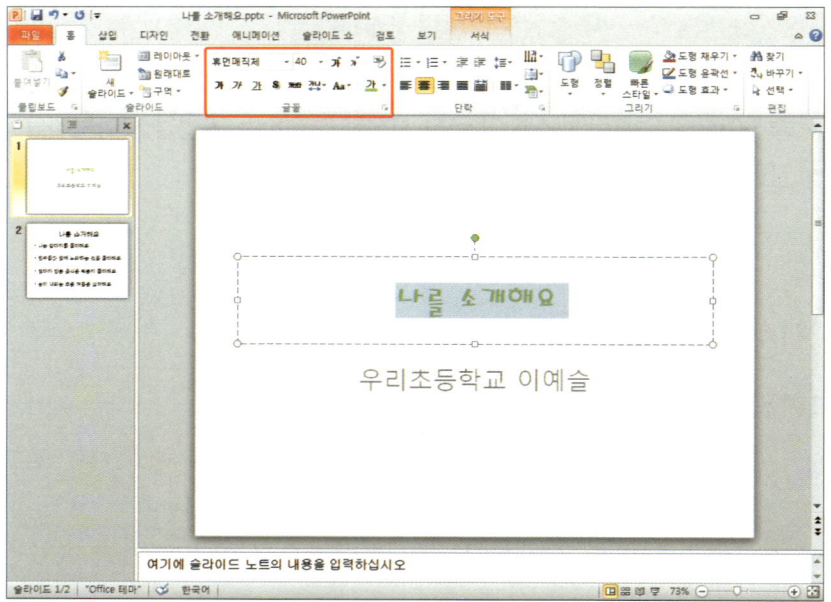

❸ 부제목이 입력된 상자 테두리를 선택해요. [홈] 탭-[글꼴] 그룹에서 [글꼴]은 'HY나무B', [글꼴 크기]는 '20pt', [글꼴 색]은 '주황'으로 선택해요.

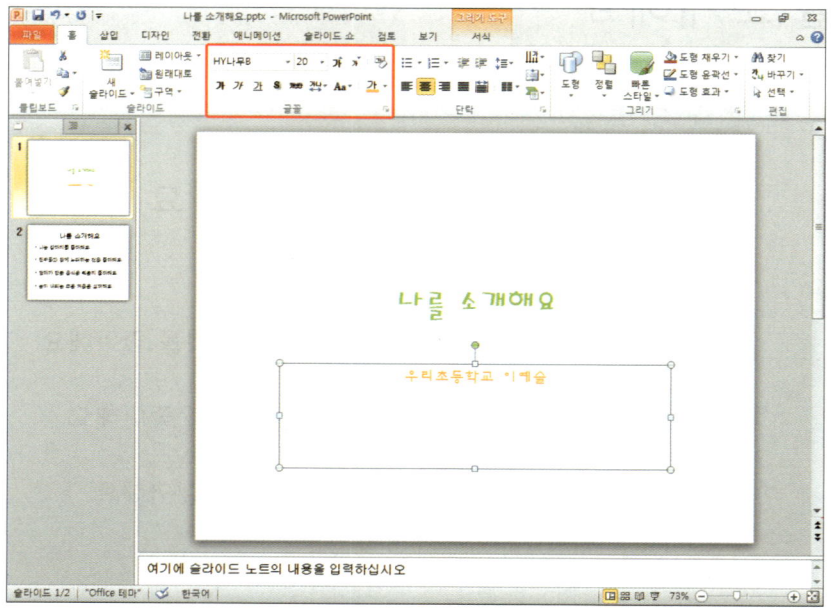

④ 글꼴 크기를 비율에 맞게 조절하기 위해 슬라이드 위를 마우스로 드래그하여 제목과 부제목이 입력된 2개의 상자를 모두 선택해요.

⑤ [홈] 탭-[글꼴] 그룹의 [글꼴 크기 크게]를 클릭해요. 클릭할 때 마다 선택한 부분의 글꼴 크기가 비율에 맞게 커져요.

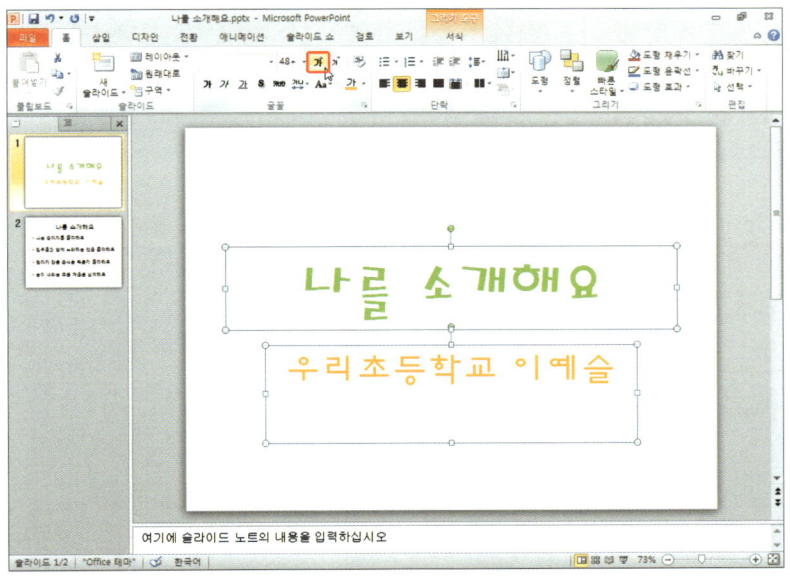

⑥ 부제목만 선택한 후 [글꼴] 그룹에서 '굵게', '기울임꼴', '밑줄'을 선택해요.

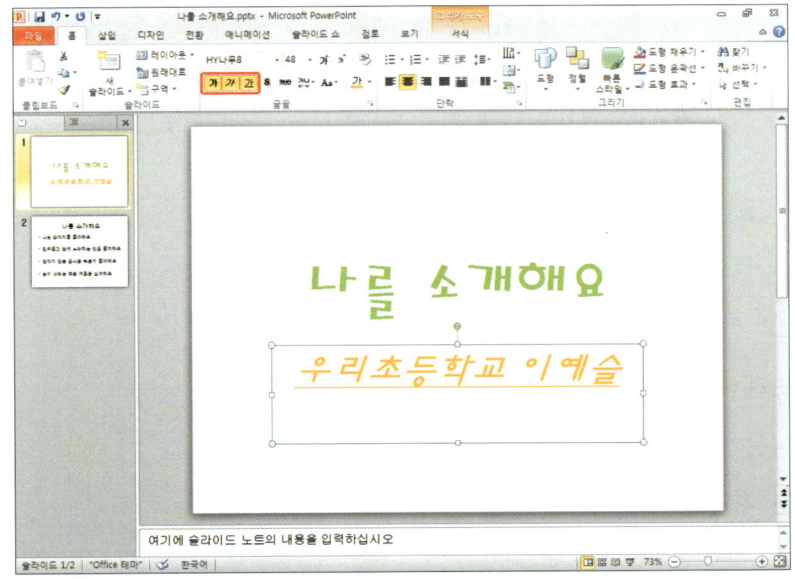

글꼴 서식 복사하기

텍스트에 설정한 글꼴 서식을 다른 텍스트에 복사하는 방법을 알아보아요.

❶ 1번 슬라이드의 제목 텍스트를 마우스로 선택한 후 [홈] 탭-[클립보드] 그룹에서 [서식 복사]를 클릭해요.

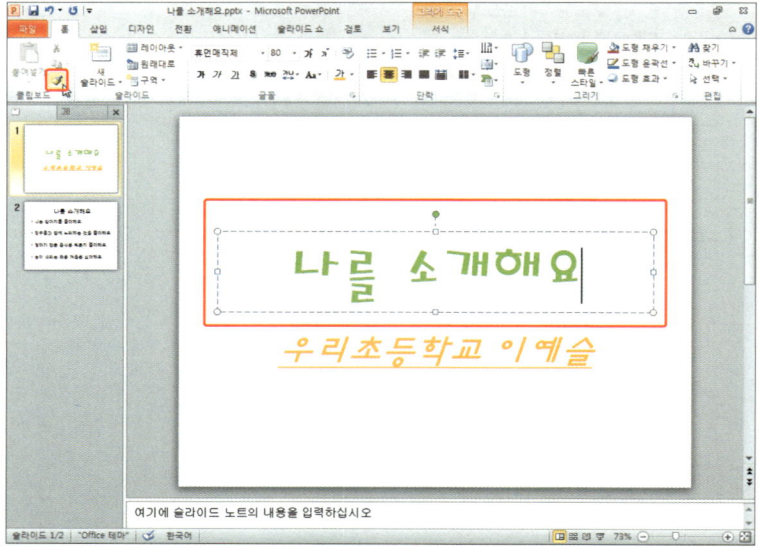

❷ 마우스 포인터 모양이 바뀌면 2번 슬라이드의 제목 부분을 마우스로 드래그해요.

❸ 복사한 부분의 서식이 그대로 적용되는 것을 확인할 수 있어요. 내용 부분도 같은 방법을 이용하여 서식을 복사해 완성해요.

01 파일을 불러온 후 조건과 같이 글꼴 서식을 설정해 보세요.

[예제파일] 무지개.pptx

일곱색깔 무지개

까만 점이 콕콕 박혀있는 달콤한 빨간 딸기
내 동생이 제일 좋아하는 주황색 우산
공이 중천에서 떡없던 둥글둥글 노란 솜사탕
학교 앞에 서 있는 커다란 나무의 초록 잎사귀
회색 구름 속에 살짝 보이는 파란 하늘
친구들과 놀러갈 때 입는 예쁜 남색 청바지
담장 밑에 활짝 피어있는 보라색 나팔꽃

조건
- 첫 번째 줄 : 글꼴(맑은 고딕), 글꼴 크기(28pt), 글꼴 색(빨강)
- 두 번째 줄 : 글꼴(휴먼모음T), 글꼴 크기(25pt), 글꼴 색(주황), 기울임꼴
- 세 번째 줄 : 글꼴(궁서), 글꼴 크기(24pt), 글꼴 색(노랑), 굵게, 그림자
- 네 번째 줄 : 글꼴(휴먼매직체), 글꼴 크기(25pt), 글꼴 색(녹색)
- 다섯 번째 줄 : 글꼴(돋움체), 글꼴 크기(24pt), 글꼴 색(파랑), 밑줄
- 여섯 번째 줄 : 글꼴(휴먼중간팸체), 글꼴 크기(26pt), 글꼴 색(남색)
- 일곱 번째 줄 : 글꼴(HY울릉도M), 글꼴 크기(28pt), 글꼴 색(보라)

02 파일을 불러온 후 서식 복사 기능을 이용하여 그림과 같이 완성해 보세요.

[예제파일] 서식복사.pptx

우리나라의 명절

- **_설날_** (음력 1월 1일)
  떡국을 먹고 어른들께 세배를 해요.

- **_단오_** (음력 5월 5일)
  창포물에 머리를 감고 쑥떡을 먹어요.

- **_추석_** (음력 8월 15일)
  송편을 만들고 씨름같은 민속놀이를 즐겨요.

슬라이드 단락 설정하기

이렇게 배워요!

- 단락을 정렬하는 방법을 알아보아요.
- 단락 앞에 기호나 숫자를 입력하는 방법을 알아보아요.

 **단락을 정렬해요.**

단락을 왼쪽, 오른쪽, 가운데로 정렬하는 방법을 알아보아요.

📁 **[예제파일]** 빙수만들기.pptx

❶ 단락을 정렬하기 위해 1번 슬라이드의 첫 번째 단락을 블록 설정한 후 [홈] 탭-[단락] 그룹에서 [가운데 맞춤]을 선택해요.

❷ 그림과 같이 선택한 단락이 가운데로 정렬된 것을 확인할 수 있어요.

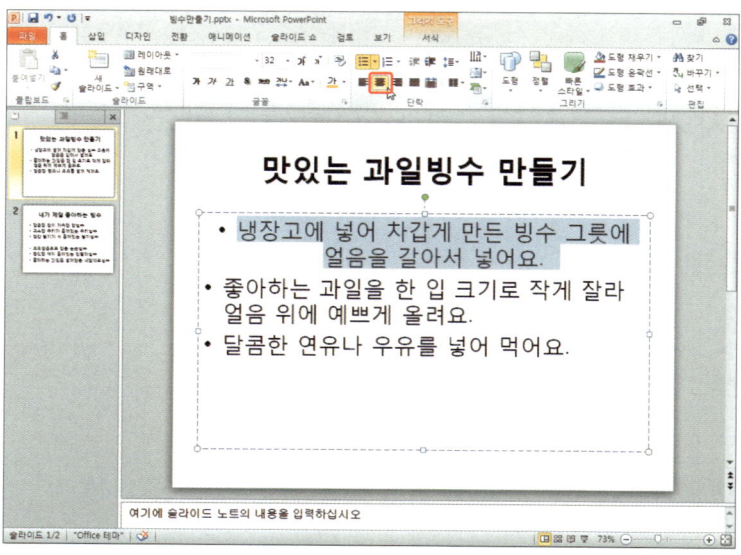

❸ 같은 방법을 이용하여 두 번째 단락은 오른쪽으로 정렬시켜요.

❹ 세 번째 단락을 블록 설정한 후 [홈] 탭-[단락] 그룹에서 [균등 분할]을 선택해요. 선택한 텍스트들이 상자 왼쪽과 오른쪽에 맞게 사이가 벌어져요.

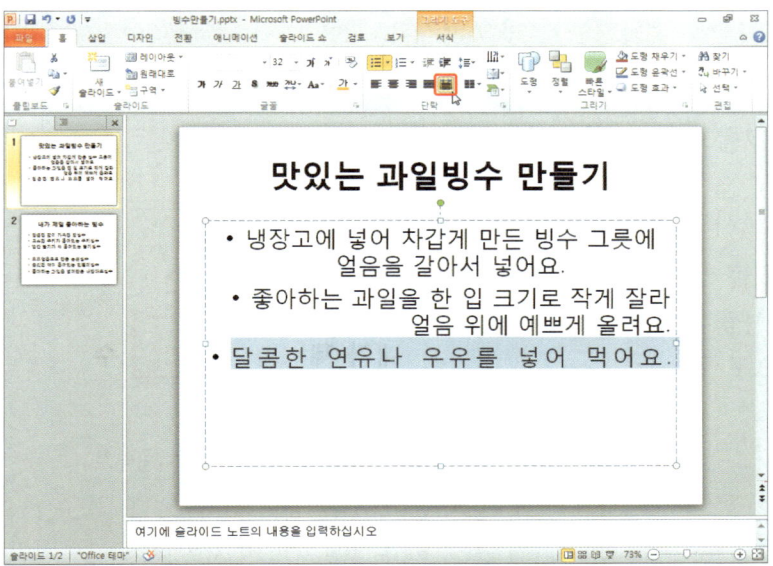

❺ 모든 텍스트를 선택하고 [홈] 탭-[단락] 그룹의 [줄 간격]을 클릭해요. 목록이 표시되면 '1.5'를 선택해요.

❻ 그림과 같이 단락의 줄 간격이 벌어진 것을 확인할 수 있어요.

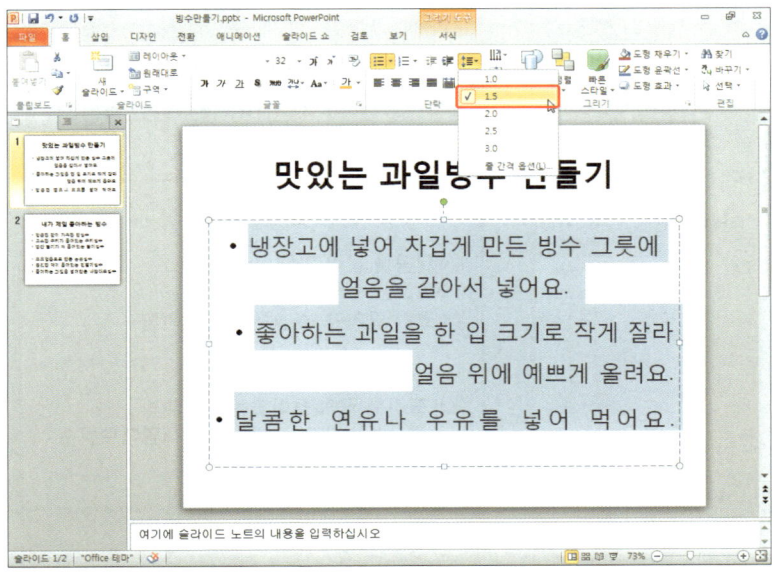

글머리 기호와 번호 매기기를 적용해요.

단락을 구분하기 쉽게 글머리 기호와 번호 매기기를 적용하는 방법을 알아보아요.

❶ 2번 슬라이드를 선택하고 첫 번째 단락을 블록 설정해요. 단락 앞에 기호를 삽입하기 위해 [홈] 탭-[단락] 그룹의 [글머리 기호]를 클릭해요.

❷ 글머리 기호 목록이 표시되면 '별표 글머리 기호'를 선택해요. 단락 앞에 선택한 글머리 기호가 자동으로 표시돼요.

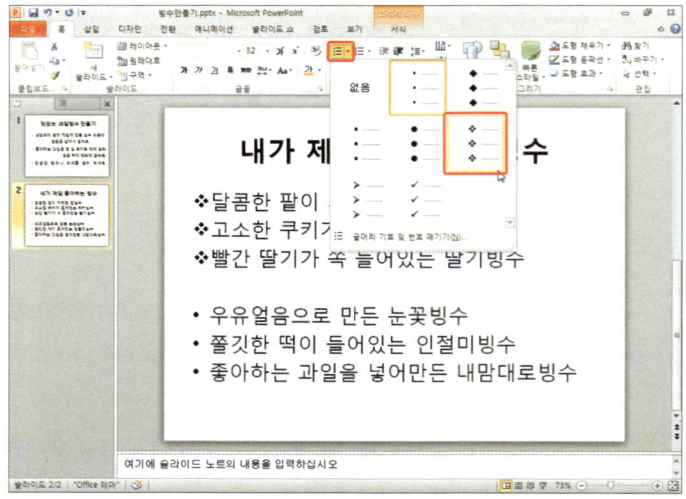

❸ 두 번째 단락을 블록 설정해요. 단락 앞에 숫자를 삽입하기 위해 [홈] 탭-[단락] 그룹의 [번호 매기기]를 클릭해요.

❹ 사용할 수 있는 번호 목록이 표시되면 '원 숫자'를 선택해요. 단락 앞에 선택한 번호 모양이 순서에 맞게 자동으로 표시돼요.

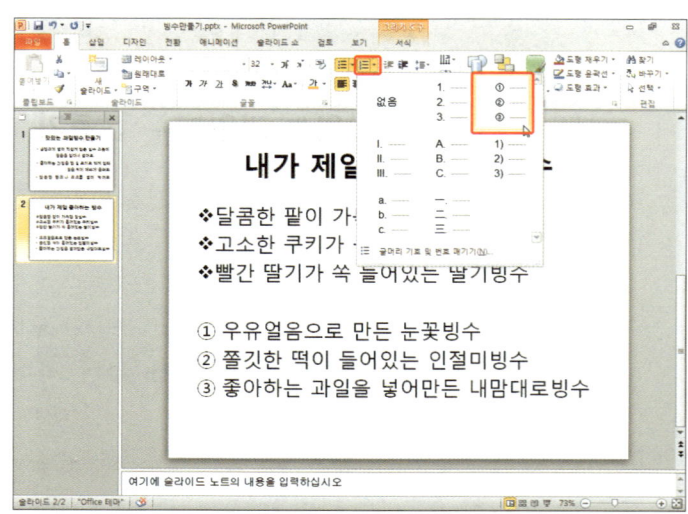

❺ 내가 원하는 기호를 글머리 기호로 사용하기 위해 첫 번째 단락을 블록 선택하고 [홈] 탭-[단락] 그룹-[글머리 기호]에서 [글머리 기호 및 번호 매기기]를 선택해요.

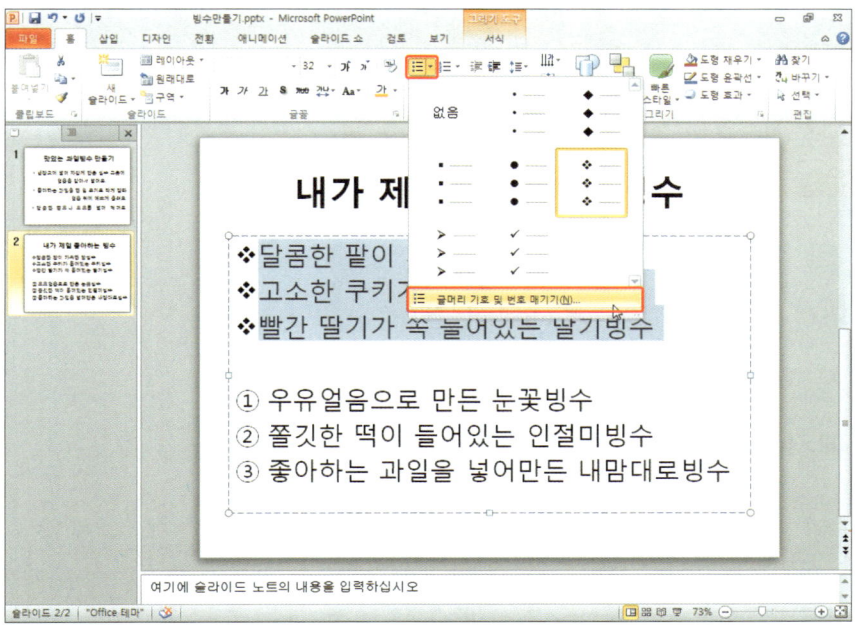

❻ [글머리 기호 및 번호 매기기] 대화상자가 표시되면 [사용자 지정] 단추를 클릭해요.

❼ [기호] 대화상자가 표시되면 '별' 모양의 기호를 선택하고 [확인] 단추를 클릭해요. 대화상자에 선택한 기호가 표시되면 [확인] 단추를 클릭해요.

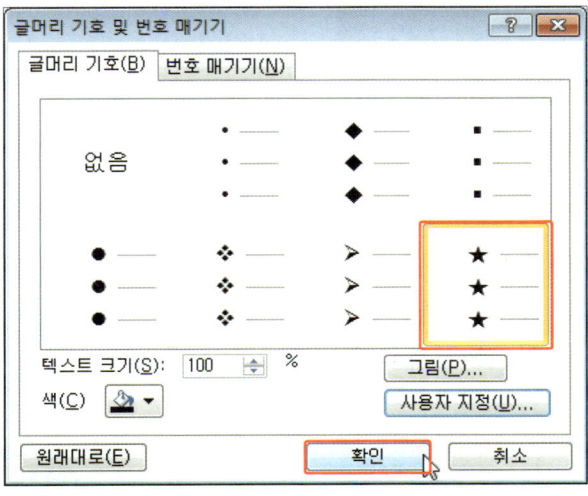

혼자서도 잘해요!

01 파일을 불러온 후 그림과 같은 모양이 되도록 단락을 정렬해 보세요.

[예제파일] 도서관예절.pptx

도서관 사용예절

책을 읽을 때는 조용히 해야 해요.
　　도서관에서 걸을 때는 조심해서 걸어요.
책을 보면서 음식을 먹으면 안돼요.
　　도서관에서는 전화통화를 하지 않아요.
　빌 린　책을　소중하게　관 리 해 요.

02 파일을 불러온 후 그림과 같이 글머리 기호와 번호 매기기를 적용해 보세요.

[예제파일] 인기메뉴.pptx

급식 메뉴 인기순위

① 치즈 돈까스　　　④ 오므라이스
② 볶음밥과 자장소스　⑤ 미니 햄버거
③ 떡볶이와 야채튀김　⑥ 돼지불고기

- 월요일 : 차수수밥, 미역국, 탕평채, 체리
- 화요일 : 귀리밥, 양배추쌈, 무생채, 키위
- 수요일 : 현미밥, 국수장국, 김치, 초코케이크

04강 도형 삽입하기

이렇게 배워요!

- 여러 가지 모양의 도형을 삽입하는 방법을 알아보아요.
- 도형의 서식을 바꾸는 방법을 알아보아요.

 **슬라이드에 도형 삽입하기**

슬라이드에 여러 가지 모양의 도형을 삽입하여 꾸미는 방법을 알아보아요.

📂 [예제파일] 도형삽입.pptx

❶ 파일을 불러온 후 1번 슬라이드에 도형을 삽입하기 위해 [삽입] 탭-[일러스트레이션] 그룹의 [도형]을 클릭해요.

❷ 도형 목록이 표시되면 '사다리꼴'을 선택해요. 마우스 포인터 모양이 바뀌면 슬라이드 위를 드래그하여 그림과 같이 도형을 삽입해요.

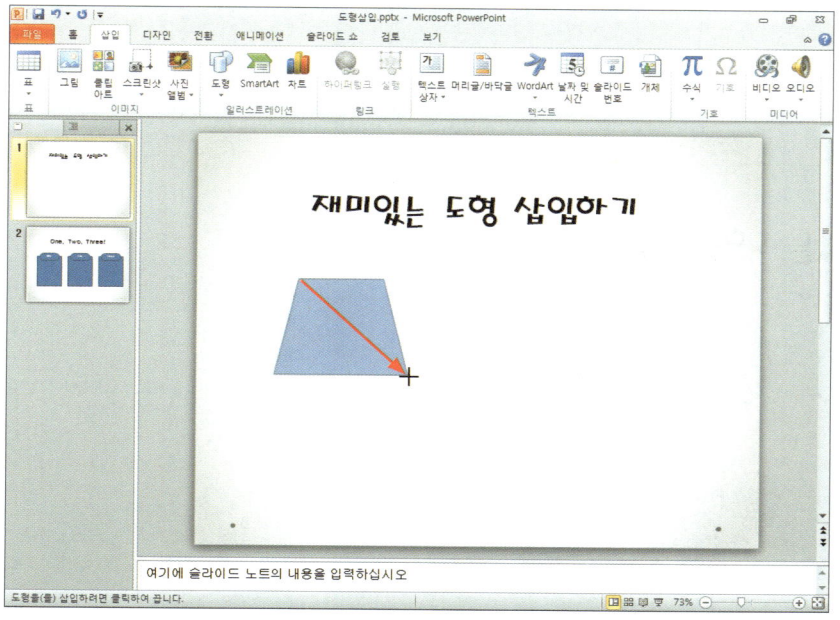

❸ 삽입한 도형을 마우스로 드래그하면 이동할 수 있어요. 도형 바깥 부분에 표시된 조절점을 드래그하면 크기를 바꿀 수 있어요.

❹ 도형의 노란색 점을 드래그하면 도형의 모양을 바꿀 수 있어요. 녹색 점 위를 드래그하면 도형을 회전시킬 수 있어요.

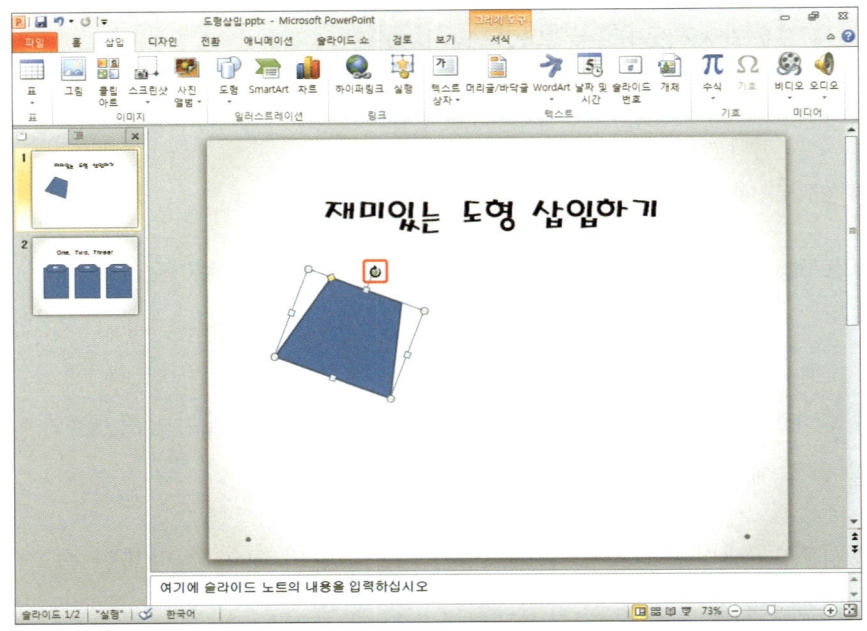

❺ 배운 방법을 이용하여 그림과 같이 슬라이드에 여러 가지 도형을 삽입하고 위치와 모양을 바꿔 보세요.

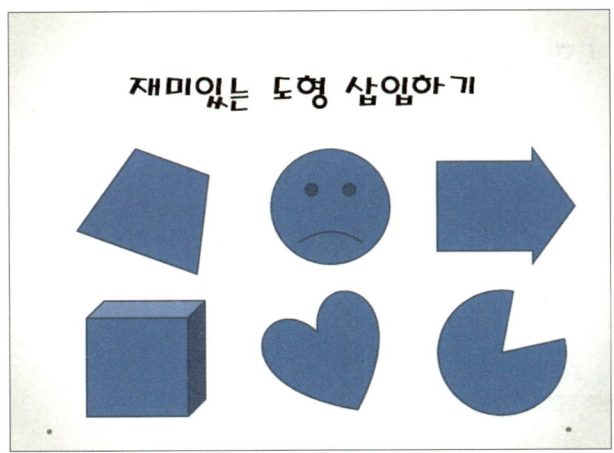

 도형 서식 설정하기

삽입한 도형에 다양한 색과 선, 효과를 적용할 수 있어요. 도형 서식을 바꾸는 방법을 알아보아요.

❶ 2번 슬라이드에 입력되어 있는 도형을 선택하면 [그리기 도구] 메뉴가 표시돼요.

❷ 도형에 미리 설정된 서식을 적용하기 위해 [그리기 도구]-[서식] 탭-[도형 스타일] 그룹의 [자세히]를 클릭해요. 스타일 목록이 표시되면 '보통 효과 – 빨강, 강조 2'를 선택해요.

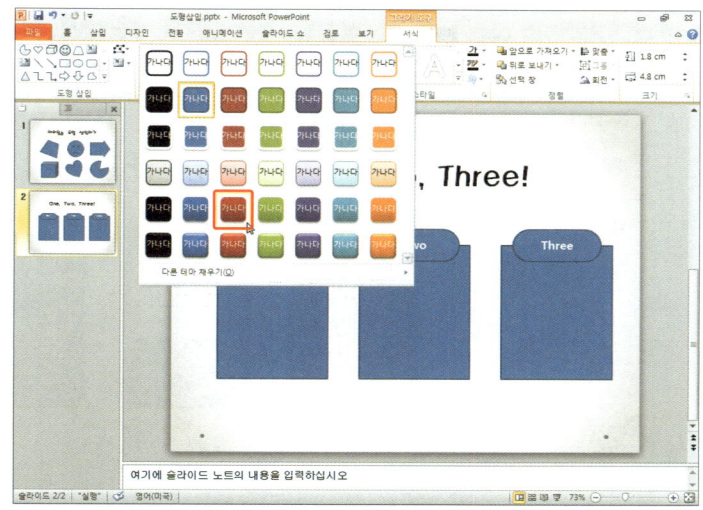

❸ 도형에 직접 색을 채우기 위해 [그리기 도구]-[서식] 탭-[도형 스타일] 그룹의 [도형 채우기]를 클릭해요. 색 목록이 표시되면 '빨강, 강조 2'를 선택해요.

❹ 도형에 색이 번지는 효과를 적용하기 위해 [도형 채우기] 목록의 [그라데이션]에서 '선형 아래쪽'을 선택해요. 위에서 아래로 색이 번지는 효과가 적용된 것을 확인할 수 있어요.

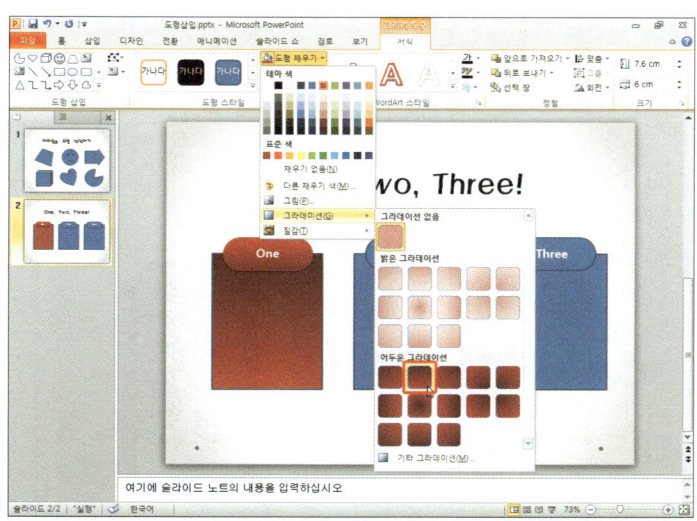

❺ 도형 바깥 부분에 선을 삽입하기 위해 [그리기 도구]-[서식] 탭-[도형 스타일] 그룹의 [도형 윤곽선]을 클릭해요. 색 목록이 표시되면 '검정, 텍스트 1'을 선택해요.

❻ 선의 모양을 바꾸기 위해 [도형 윤곽선]의 [두께]에서 '3pt'를 선택하고 [대시]에서 '둥근 점선'을 선택해요.

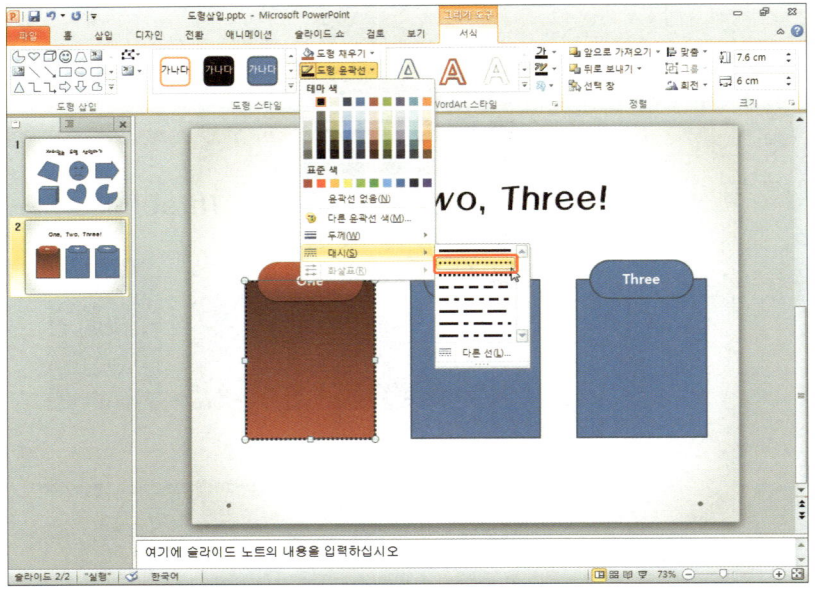

❼ 도형에 효과를 적용하기 위해 [그리기 도구]-[서식] 탭-[도형 스타일] 그룹-[도형 효과]의 [반사]에서 '근접 반사, 터치'를 선택해요.

❽ 배운 방법을 이용하여 나머지 도형에도 다양한 색과 선, 효과를 적용해 완성해 보세요.

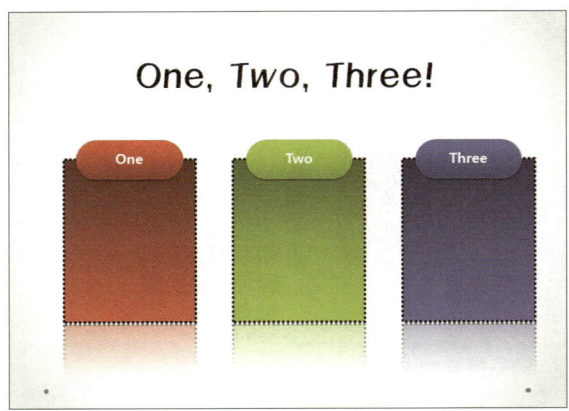

01 파일을 불러온 후 그림과 같이 도형을 이용하여 꾸며 보세요.

📁 [예제파일] 밤하늘.pptx

02 파일을 불러온 후 그림과 같이 도형을 이용하여 캐릭터를 만들어 보세요.

📁 [예제파일] 캐릭터.pptx

05강 스마트아트 삽입하기

이렇게 배워요!

- 스마트아트를 삽입하는 방법을 알아보아요.
- 스마트아트의 디자인과 서식을 바꾸는 방법을 알아보아요.

 **스마트아트 삽입하기**

스마트아트를 이용하면 슬라이드 안의 많은 내용을 이해하기 쉽게 만들 수 있어요.

📁 [예제파일] 스마트아트.pptx

① 파일을 불러온 후 슬라이드에 스마트아트를 삽입하기 위해 [삽입] 탭–[일러스트레이션] 그룹에서 [SmartArt]를 클릭해요.

② [SmartArt 그래픽 선택] 대화상자가 표시되면 [주기형] 범주의 '기본 주기형'을 선택하고 [확인] 단추를 클릭해요.

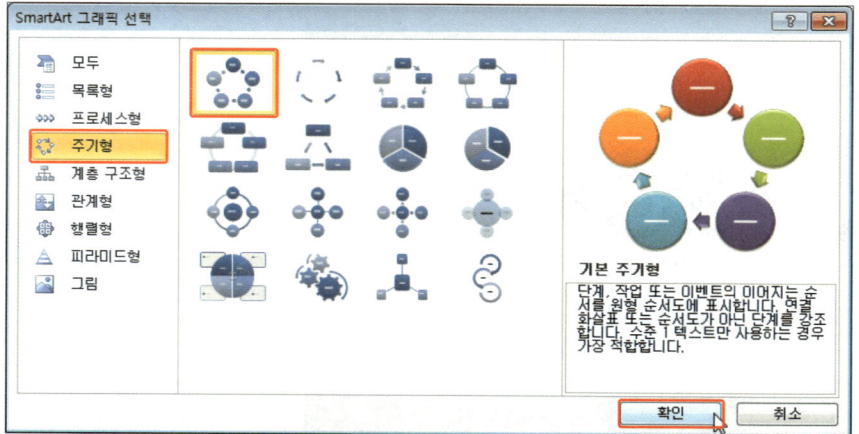

26

❸ 슬라이드에 선택한 스마트아트가 삽입되면 테두리를 드래그하여 크기를 조절하고 그림과 같이 내용을 입력해요.

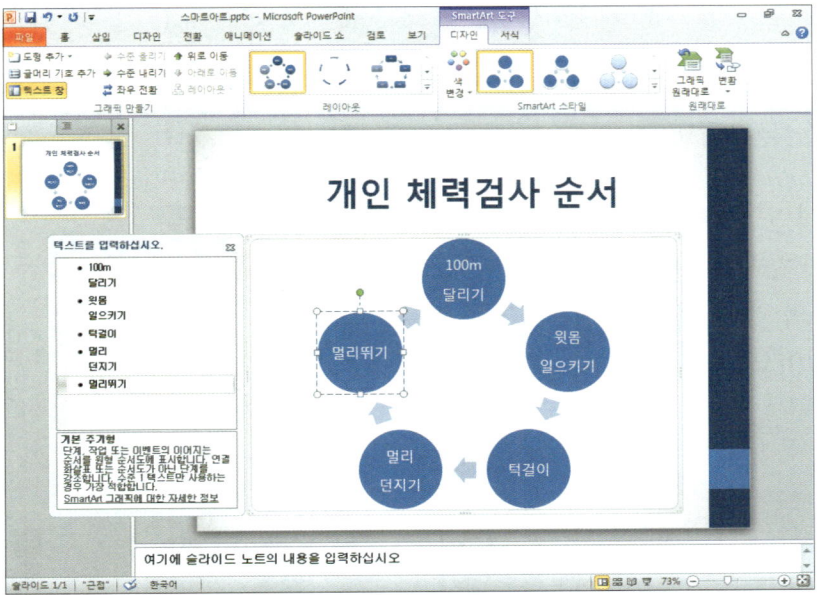

❹ 스마트아트를 선택하고 [홈] 탭-[글꼴] 그룹에서 그림과 같이 글꼴 서식을 설정해요. 스마트아트 전체 내용의 글꼴 서식이 변경돼요.

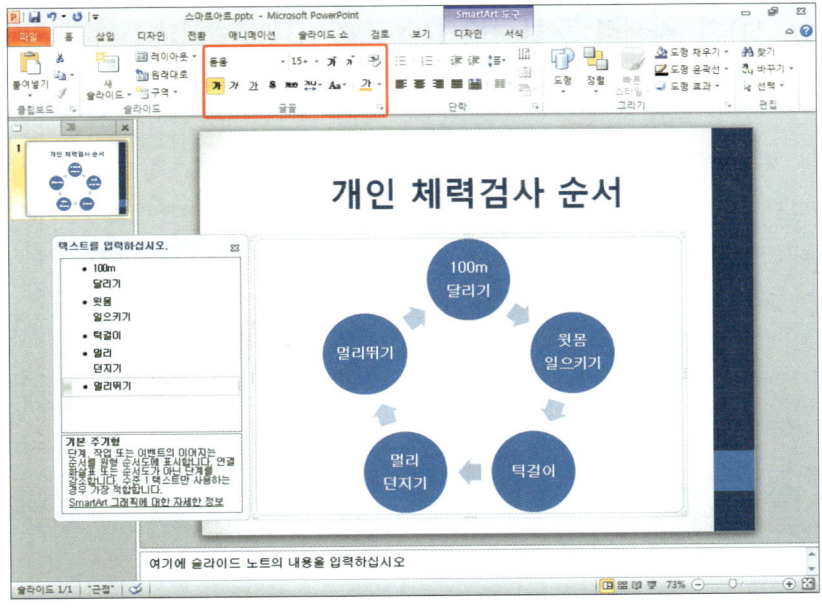

스마트아트 서식 바꾸기

스마트아트에 멋진 디자인을 설정하고 새로운 도형을 추가하는 방법을 알아보아요.

① 스마트아트의 색을 바꾸기 위해 [SmartArt 도구]-[디자인] 탭-[SmartArt 스타일] 그룹의 [색 변경]을 클릭해요.

② 색 목록이 표시되면 [색상형]에서 '색상형 – 강조색'을 선택해요. 스마트아트의 색이 바뀐 것을 확인할 수 있어요.

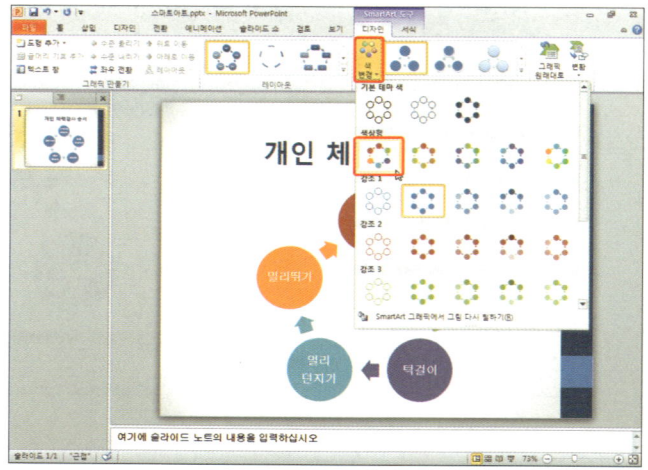

③ 스마트아트를 입체적인 모양으로 바꾸기 위해 [SmartArt 도구]-[디자인] 탭-[SmartArt 스타일] 그룹의 [자세히]를 클릭해요.

④ 미리 설정해 놓은 디자인 목록이 표시되면 '광택 처리'를 선택해요. 스마트아트의 색은 그대로 유지되고 선택한 모양 효과가 적용돼요.

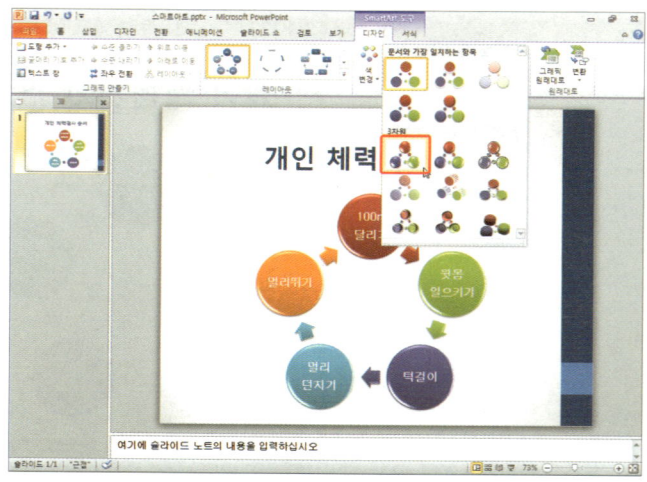

❺ 스마트아트의 가장 위에 있는 도형을 선택하고 [SmartArt 도구]-[디자인] 탭-[그래픽 만들기] 그룹의 [도형 추가]를 클릭해요.

❻ 새로운 도형이 삽입된 것을 확인할 수 있어요. 새로 추가된 도형에 '오래 달리기'를 입력해요.

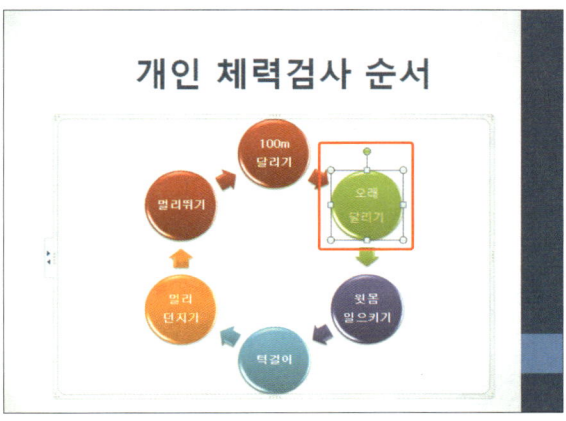

❼ 스마트아트를 다른 모양으로 바꾸기 위해 [SmartArt 도구]-[디자인] 탭-[레이아웃] 그룹의 [자세히]를 클릭하고 목록에서 '연속 주기형'을 선택해요.

❽ 스마트아트의 내용과 디자인은 그대로 유지되고 모양만 바뀐 것을 확인할 수 있어요.

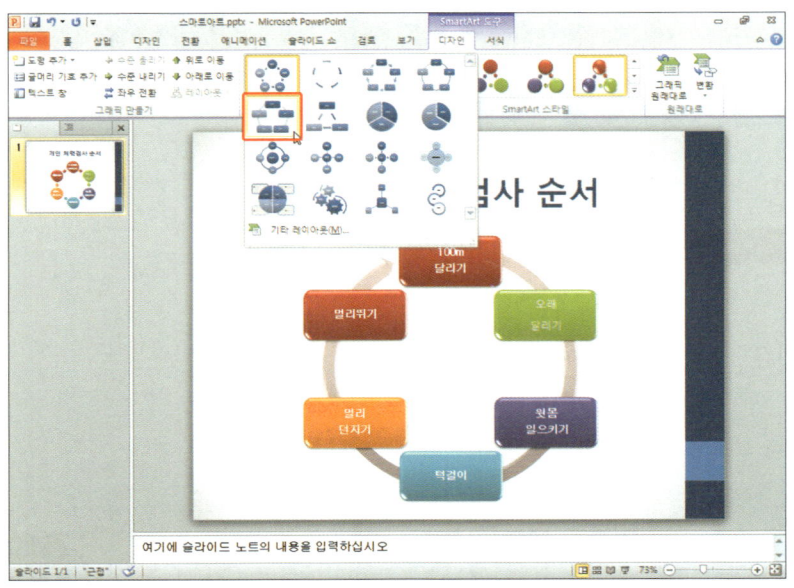

01 파일을 불러온 후 그림과 같이 스마트아트를 삽입해 보세요.

[예제파일] 조편성.pptx

02 파일을 불러온 후 그림과 같이 스마트아트를 삽입해 보세요.

[예제파일] 방학계획.pptx

06강 워드아트 삽입하기

이렇게 배워요!

- 워드아트를 삽입하는 방법을 알아보아요.
- 워드아트의 디자인을 변경하고 효과를 적용하는 방법을 알아보아요.

 ## 워드아트 삽입하기

워드아트는 텍스트를 다양한 디자인으로 꾸밀 수 있어요. 워드아트를 삽입하는 방법을 알아보아요.

[예제파일] 워드아트.pptx

① 파일을 불러온 후 워드아트를 삽입하기 위해 [삽입] 탭-[텍스트] 그룹의 [WordArt]를 클릭해요.

② 목록이 표시되면 '그라데이션 채우기 - 파랑, 강조 1'을 선택해요.

③ 슬라이드에 워드아트가 삽입되면 그림과 같이 내용을 입력해요.

❹ 워드아트를 다른 스타일로 변경하기 위해 [그리기 도구]-[서식] 탭-[WordArt 스타일] 그룹의 [자세히]를 클릭해요.

❺ 목록이 표시되면 '채우기 - 황갈색, 텍스트 2, 윤곽선 - 배경 2'를 선택해요. 워드아트가 선택한 디자인으로 바뀐 것을 확인할 수 있어요.

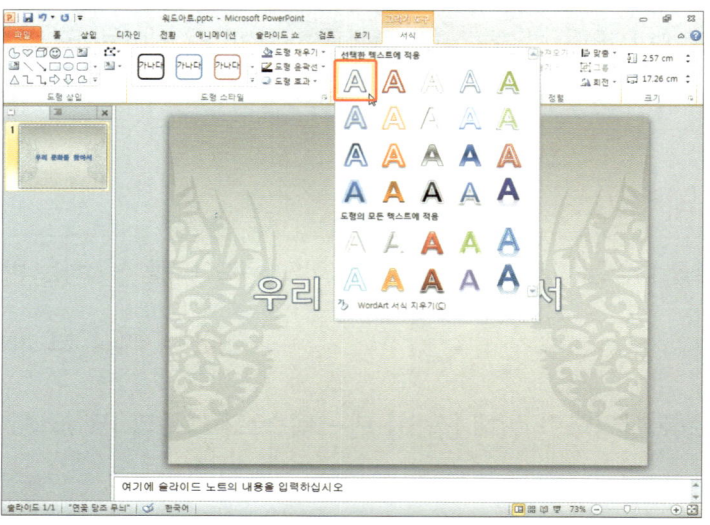

❻ 워드아트 글꼴 서식을 변경하기 위해 [홈] 탭-[글꼴] 그룹에서 그림과 같이 설정해요.

❼ 선택한 워드아트에 글꼴 서식이 적용되면 드래그하여 크기와 위치를 변경해요.

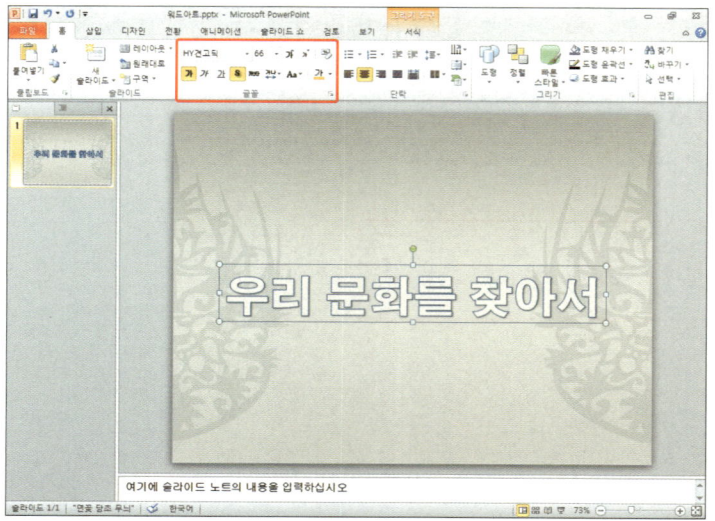

 **워드아트 디자인 설정하기**

워드아트를 다양한 색과 선 모양으로 바꾸고 재미있는 모양으로 변형해 보아요.

❶ 워드아트의 채우기 색을 바꾸기 위해 [그리기 도구]-[서식] 탭-[WordArt 스타일] 그룹의 [텍스트 채우기]를 클릭해요.

❷ 표시되는 색 목록에서 '자주, 강조 4'를 선택해요. 다시 [그라데이션]-[밝은 그라데이션]의 '선형 아래쪽'을 선택하면 그림과 같이 번지는 효과를 적용할 수 있어요.

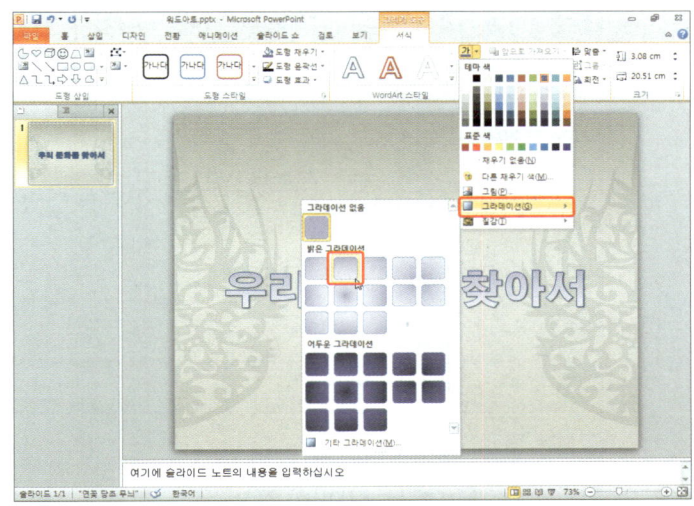

❸ 워드아트 테두리를 바꾸기 위해 [그리기 도구]-[서식] 탭-[WordArt 스타일] 그룹의 [텍스트 윤곽선]을 클릭해요.

❹ 표시되는 색 목록에서 '검정, 텍스트 1'을 선택해요. [두께]는 '1pt', [대시]는 '실선'을 선택하면 그림과 같은 테두리를 만들 수 있어요.

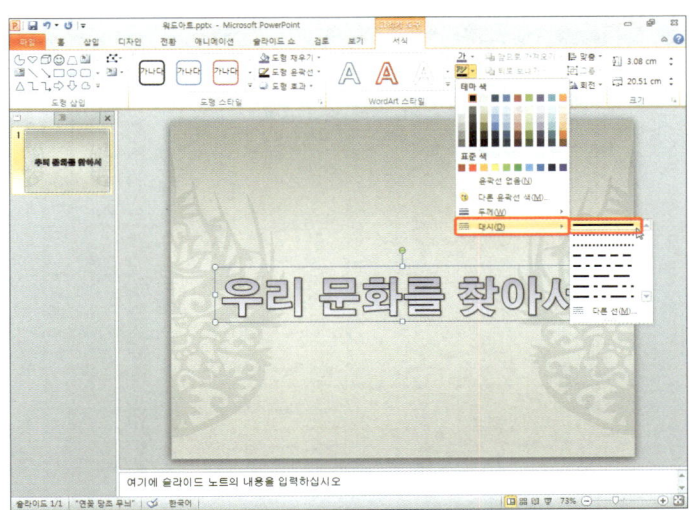

❺ 워드아트에 효과를 적용하기 위해 [그리기 도구]-[서식] 탭-[WordArt 스타일] 그룹의 [텍스트 효과]를 클릭해요.

❻ 여러 가지 효과 목록이 표시되면 [반사]에서 '전체 반사, 8 pt 오프셋'을 선택해요.

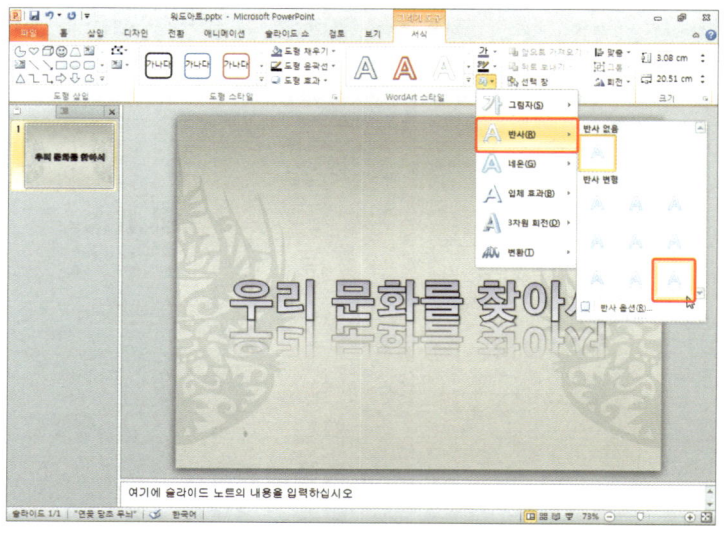

❼ 워드아트를 재미있는 모양으로 만들기 위해 [그리기 도구]-[서식] 탭-[WordArt 스타일] 그룹-[텍스트 효과]의 [변환]에서 '물결 1'을 선택해요.

❽ 그림과 같이 워드아트의 모양이 바뀌면 드래그하여 위치와 크기를 변경해 완성해요.

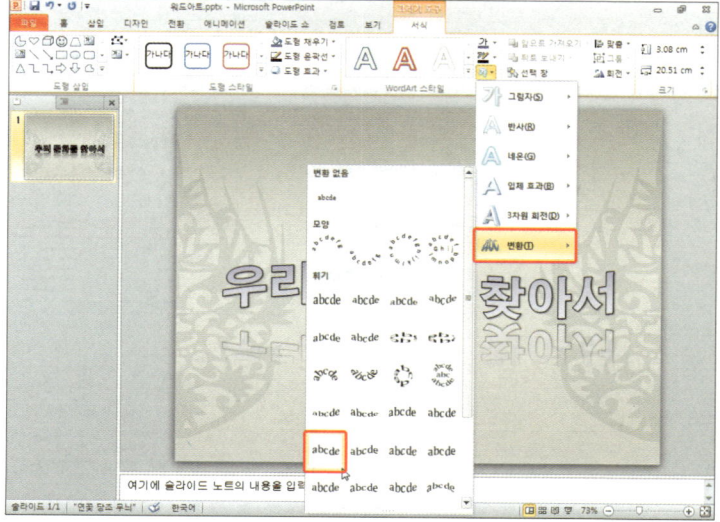

01 파일을 불러온 후 그림과 같이 워드아트를 이용하여 제목을 만들어 보세요.

📁 [예제파일] 고궁나들이.pptx

02 파일을 불러온 후 워드아트를 이용하여 그림과 같이 만들어 보세요.

📁 [예제파일] 산유화.pptx

07강 그림과 클립 아트 삽입하기

이렇게 배워요!

- 슬라이드에 그림을 삽입하는 방법을 알아보아요.
- 슬라이드에 클립 아트를 삽입하는 방법을 알아보아요.

 **그림 삽입하기**

컴퓨터에 저장되어 있는 그림을 슬라이드로 가져오는 방법을 알아보아요.

📂 [예제파일] 그림삽입.pptx, 사진1.jpg, 사진2.jpg, 사진3.jpg

① 파일을 불러온 후 1번 슬라이드를 선택하고 그림을 삽입하기 위해 [삽입] 탭-[이미지] 그룹의 [그림]을 클릭해요.

② [그림 삽입] 대화상자가 표시되면 가져올 그림을 선택하고 [삽입] 단추를 클릭해요. 슬라이드에 그림이 삽입되면 테두리 조절점을 드래그하여 크기와 위치를 조절해요.

❸ 그림에 스타일을 적용하기 위해 [그림 도구]-[서식] 탭-[그림 스타일] 그룹의 [자세히]를 클릭해요.

❹ 스타일 목록이 표시되면 '입체 무광택, 흰색'을 선택해요. 그림 테두리가 액자 모양으로 바뀌는 것을 확인할 수 있어요.

❺ 그림의 색을 바꾸기 위해 [그림 도구]-[서식] 탭-[조정] 그룹에서 [색]을 클릭해요. 표시되는 목록의 [다시 칠하기]에서 '파랑, 밝은 강조색 1'을 선택해요.

❻ 나머지 그림들도 슬라이드로 가져와 다양한 효과를 적용해 완성해 보세요.

클립 아트 삽입하기

슬라이드를 예쁘게 꾸밀 수 있는 클립 아트를 가져오는 방법을 알아보아요.

❶ 2번 슬라이드를 선택하고 클립 아트를 삽입하기 위해 [삽입] 탭-[이미지] 그룹의 [클립 아트]를 클릭해요.

❷ 편집 화면 오른쪽에 [클립 아트] 작업창이 표시되면 [검색 대상]에 '오렌지'를 입력하고 [이동] 단추를 클릭해요. 검색이 끝나면 그림과 같이 '오렌지'와 관련된 이미지를 보여줘요.

❸ 슬라이드에 삽입할 클립 아트를 클릭하면 슬라이드로 이미지를 가져와요.

❹ 마우스로 클립 아트 바깥 부분의 조절점을 드래그하여 크기와 위치를 조절해요.

❺ 같은 방법을 이용하여 나머지 부분에도 클립 아트를 검색하고 슬라이드에 삽입해 보세요.

❻ 삽입한 클립 아트를 선택하고 [그림 도구]-[서식] 탭-[조정] 그룹의 [수정]을 클릭해요. 표시되는 목록의 효과를 이용하여 클립 아트의 선명도나 밝기를 조절할 수 있어요.

혼자서도 잘해요!

01 파일을 불러온 후 저장된 그림을 가져와 그림과 같이 완성해 보세요.

[예제파일] 꽃축제.pptx, 꽃1.jpg, 꽃2.jpg, 꽃3.jpg

02 파일을 불러온 후 클립 아트를 이용하여 그림과 같이 완성해 보세요.

[예제파일] 유명관광지.pptx

08강 비디오와 오디오 삽입하기

이렇게 배워요!

- 슬라이드에 비디오와 오디오 파일을 삽입하는 방법을 알아보아요.
- 비디오와 오디오 파일의 옵션을 설정하는 방법을 알아보아요.

 **비디오 파일을 삽입해요.**

프레젠테이션을 발표할 때 도움이 되는 비디오 파일을 삽입하는 방법을 알아보아요.

📁 [예제파일] 앵무새.pptx, 앵무새.wmv, 반복음악.mp3

① 파일을 불러온 후 1번 슬라이드에 비디오 파일을 삽입하기 위해 [삽입] 탭-[미디어] 그룹의 [비디오]를 클릭해요.

② [비디오 삽입] 대화상자가 표시되면 슬라이드에 삽입할 비디오 파일을 선택하고 [삽입] 단추를 클릭해요.

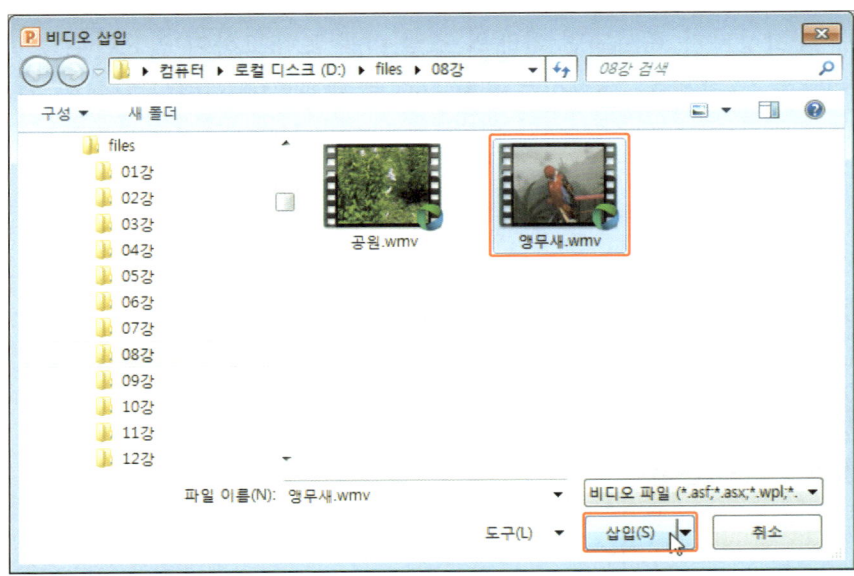

❸ 슬라이드에 비디오 파일이 삽입되면 조절점을 드래그하여 크기와 위치를 조절합니다. 비디오 파일 아래의 [재생] 단추를 클릭하면 비디오 파일의 내용을 미리 확인할 수 있어요.

❹ 비디오 파일에서 필요한 부분만 잘라내기 위해 [비디오 도구]-[재생] 탭-[편집] 그룹의 [비디오 트리밍]을 클릭해요.

❺ [비디오 맞추기] 대화상자가 표시되면 아래의 조절 바를 드래그하여 필요한 부분만 선택하고 [확인] 단추를 클릭해요. 슬라이드의 비디오를 재생하면 선택한 부분만 재생되는 것을 확인할 수 있어요.

❻ 비디오 파일에 스타일을 적용하기 위해 [비디오 도구]-[서식] 탭-[비디오 스타일]의 [자세히]를 클릭해요.

❼ 표시되는 비디오 스타일 목록에서 '모서리가 둥근 입체 사각형'을 선택해요. 삽입된 비디오 파일의 테두리 모양이 바뀐 것을 확인할 수 있어요.

❽ 슬라이드 쇼가 실행되면 비디오가 전체 화면으로 재생되도록 만들기 위해 [비디오 도구]-[재생] 탭-[비디오 옵션]에서 '전체 화면 재생'을 선택해요.

❾ 슬라이드 쇼를 실행하고 비디오 파일의 재생 단추를 클릭하면 전체 화면으로 재생되는 것을 확인할 수 있어요.

 ## 오디오 파일을 삽입해요.

프레젠테이션을 발표할 때 필요한 부분에서 소리가 들리도록 오디오 파일을 삽입하는 방법을 알아보아요.

① 슬라이드에 오디오 파일을 삽입하기 위해 [삽입] 탭-[미디어] 그룹의 [오디오]를 클릭해요.

② [오디오 삽입] 대화상자가 표시되면 슬라이드에 삽입할 오디오 파일을 선택하고 [삽입] 단추를 클릭해요.

③ 슬라이드에 오디오 파일이 삽입되면 드래그하여 그림과 같은 위치로 이동해요. 재생 단추를 클릭하면 소리를 미리 들을 수 있어요.

④ 슬라이드 쇼를 실행하는 동안 계속 음악이 실행되도록 만들기 위해 [오디오 도구]-[재생] 탭-[오디오 옵션]에서 [시작]을 '모든 슬라이드에서 실행'으로 선택하고 '반복 재생'과 '자동 되감기'를 선택해요.

⑤ 슬라이드 쇼를 실행하면 오디오 파일이 자동으로 재생돼요. 다른 슬라이드로 이동해도 음악이 계속 재생되는 것을 확인할 수 있어요.

01 파일을 불러온 후 비디오 파일을 삽입하고 슬라이드 쇼가 실행될 때 자동으로 재생되게 설정해 보세요.

[예제파일] 공원나들이.pptx, 공원.wmv

02 파일을 불러온 후 그림에 해당하는 오디오 파일을 삽입해 보세요.

[예제파일] 동물소리.pptx, 송아지.mp3, 강아지.mp3, 고양이.mp3

09강 인터넷에서 자료 가져오기

이렇게 배워요!
- 인터넷의 텍스트와 그림을 슬라이드로 가져오는 방법을 알아보아요.
- 인터넷의 동영상을 슬라이드에 연결하는 방법을 알아보아요.

 **01 인터넷의 텍스트와 그림을 슬라이드로 가져와요.**

홈페이지에 있는 텍스트와 그림을 슬라이드로 복사하는 방법을 알아보아요.

📁 [예제파일] 프랑스여행.pptx

① 파일을 불러온 후 1번 슬라이드를 선택해요. 인터넷의 자료를 가져오기 위해 웹브라우저를 실행하고 네이버(www.naver.com)에서 '에펠탑'을 검색해요.

② 검색한 결과가 표시되면 그림을 클릭해서 복사할 페이지를 표시해요. 그림 위에서 마우스 오른쪽 버튼을 클릭하고 [복사]를 선택해요.

❸ 다시 슬라이드로 돌아온 후 [홈] 탭-[클립보드] 그룹에서 [붙여넣기]를 선택해요.

❹ 복사한 그림이 슬라이드에 표시되면 조절점을 드래그하여 크기와 위치를 그림과 같이 바꿔요.

❺ 텍스트를 복사하기 위해 웹브라우저에서 복사할 내용을 드래그하여 선택한 후 Ctrl + C 를 눌러요.

❻ 다시 슬라이드로 돌아온 후 [홈] 탭-[클립보드] 그룹-[붙여넣기] 아래의 화살표를 클릭하고 [붙여넣기 옵션]에서 '텍스트만 유지'를 선택해요.

❼ 선택한 내용이 슬라이드에 붙여지면 필요한 부분만 남기고 위치를 이동해요.

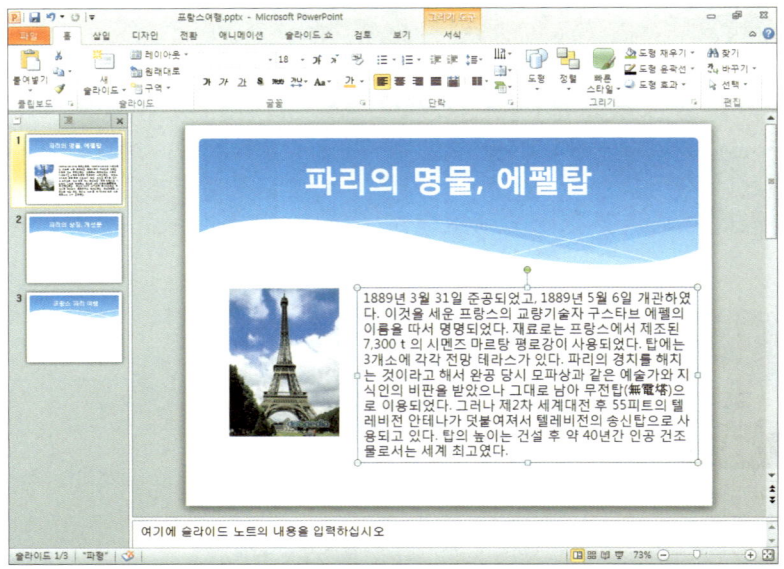

❽ 지금까지 배운 방법을 이용하여 2번 슬라이드에 '개선문'에 대한 내용을 인터넷에서 복사하여 슬라이드를 완성해 보세요.

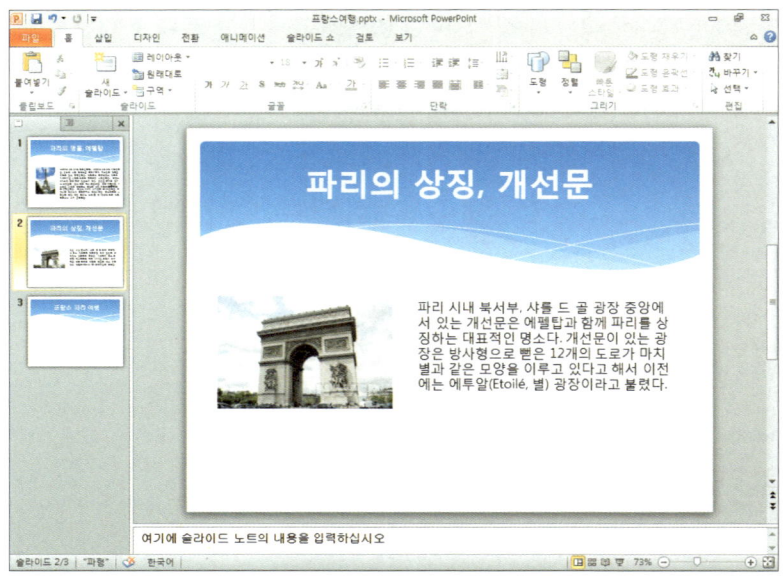

02 인터넷 동영상을 슬라이드로 연결해요.

유투브와 같은 곳에 있는 인터넷 동영상을 슬라이드로 연결하는 방법을 알아보아요.

① 3번 슬라이드를 선택한 후 인터넷 동영상을 가져오기 위해 웹브라우저를 실행하고 유투브(www.youtube.com) 홈페이지를 방문해요.

② 유투브에서 슬라이드로 연결하려는 동영상을 선택한 후 화면 위에서 마우스 오른쪽 단추를 클릭해요. 메뉴가 표시되면 '소스 코드 복사'를 선택해요.

③ 다시 슬라이드로 돌아온 후 [삽입] 탭-[미디어] 그룹의 [비디오]에서 [웹 사이트의 비디오]를 클릭해요.

④ [웹 사이트에서 가져온 비디오 삽입] 대화상자가 표시되면 빈 공간 위에서 마우스 오른쪽 버튼을 클릭하고 [붙여넣기]를 선택해요. 그림과 같이 복사한 코드가 삽입되면 [삽입] 단추를 클릭해요.

⑤ 슬라이드 쇼를 실행하면 인터넷에서 연결한 동영상을 재생할 수 있어요.

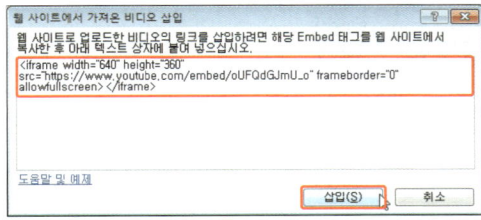

01 파일을 불러온 후 인터넷에서 자료를 가져와 그림과 같이 슬라이드를 완성해 보세요.

📁 [예제파일] 피사의사탑.pptx

02 파일을 불러온 후 그림과 같이 슬라이드에 인터넷 동영상을 연결해 보세요.

📁 [예제파일] 물해파리.pptx

10강 하이퍼링크 설정하기

이렇게 배워요!

- 슬라이드를 이동하는 하이퍼링크에 대해 알아보아요.
- 실행 단추로 이동하는 방법을 알아보아요.

 **슬라이드 이동하기**

실행 단추나 텍스트, 그림을 클릭하면 다른 슬라이드로 이동하는 방법을 알아보아요.

📁 [예제파일] 바다친구들.pptx

① 파일을 불러온 후 1번 슬라이드에 실행 단추를 삽입하기 위해 [삽입] 탭-[일러스트레이션] 그룹-[도형]에서 '실행 단추 : 앞으로 또는 다음'을 선택해요.

② 마우스 포인터 모양이 바뀌면 슬라이드 오른쪽 아래 부분을 드래그하여 실행 단추를 삽입해요.

❸ [실행 설정] 대화상자가 표시되면 [마우스를 클릭할 때] 탭의 [마우스를 클릭할 때 실행]에서 '하이퍼링크'를 '다음 슬라이드'로 선택한 후 [확인] 단추를 클릭해요.

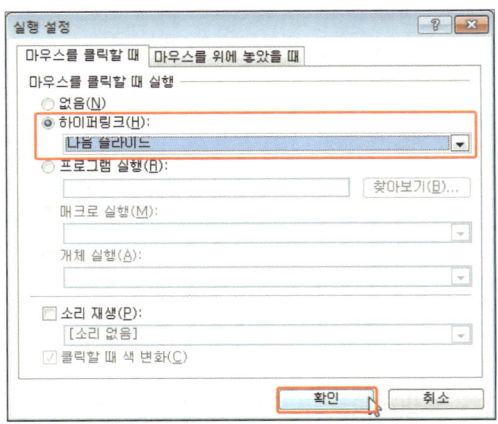

❹ 슬라이드 쇼를 실행하고 마우스로 실행 단추를 클릭하면 다음 슬라이드로 이동하는 것을 확인할 수 있어요.

❺ 같은 방법을 이용하여 삽입된 실행 단추 왼쪽에 1번 슬라이드로 돌아가는 '실행 단추 : 홈'을 삽입해요.

❻ [실행 설정] 대화상자가 표시되면 [마우스를 클릭할 때] 탭의 [마우스를 클릭할 때 실행]에서 '하이퍼링크'를 '첫째 슬라이드'로 선택한 후 [확인] 단추를 클릭해요.

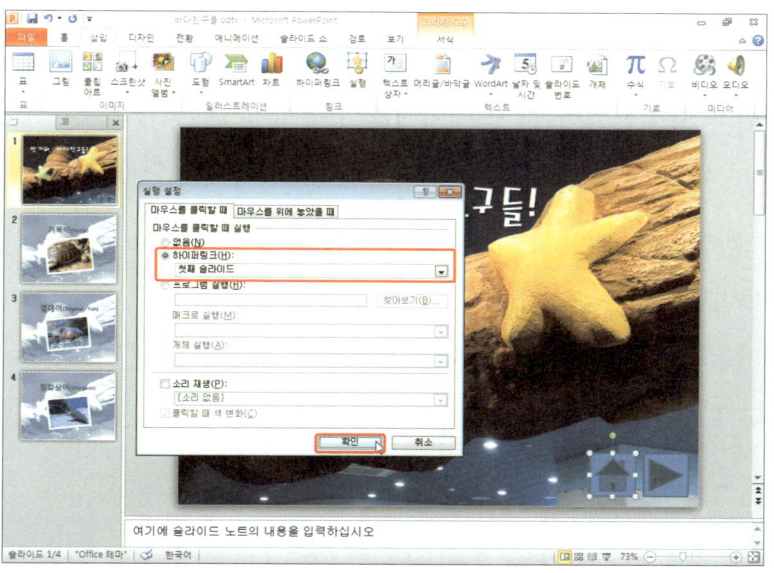

❼ 삽입된 실행 단추를 드래그하여 모두 선택한 후 [홈] 탭-[클립보드] 그룹에서 [복사]를 클릭해요.

❽ 각 슬라이드를 하나씩 선택하고 [홈] 탭-[클립보드] 그룹에서 [붙여넣기]를 클릭해서 붙여 넣어요. 마지막 슬라이드에는 '실행 단추 : 홈'만 표시해요.

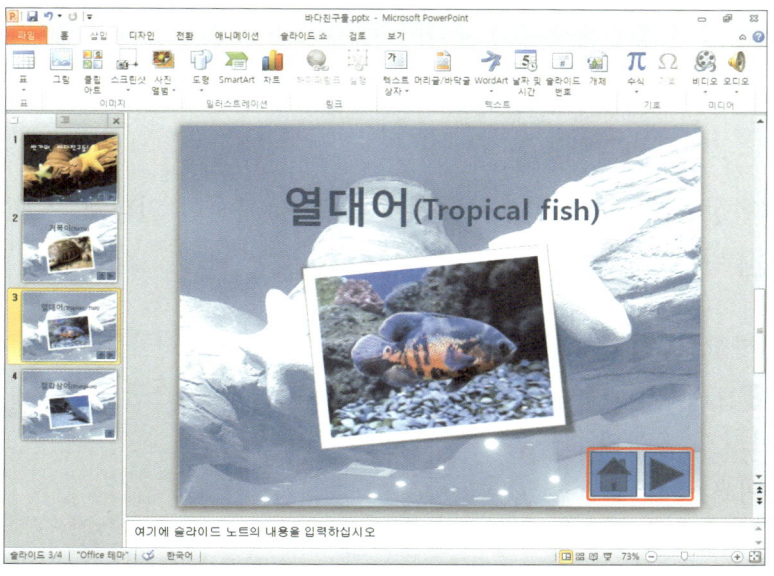

하이퍼링크 설정하기

슬라이드에 삽입된 개체에 다른 슬라이드로 이동하거나 인터넷 홈페이지로 연결하는 방법을 알아보아요.

❶ 2번 슬라이드를 선택하고 삽입된 그림과 홈페이지를 연결하기 위해 웹브라우저를 실행하고 네이버(www.naver.com)에서 '거북이'를 검색해 페이지를 표시해요.

❷ 연결할 페이지의 주소를 복사하기 위해 [주소 표시줄]의 모든 주소를 선택한 후 마우스 오른쪽 버튼을 클릭하고 [복사]를 선택해요.

❸ 다시 슬라이드로 돌아온 후 그림을 선택하고 [삽입] 탭-[링크] 그룹의 [하이퍼링크]를 클릭해요.

❹ [하이퍼링크 삽입] 대화상자가 표시되면 [주소]의 빈 공간에 복사한 인터넷 홈페이지 주소를 붙여넣고 [확인] 단추를 클릭해요.

❺ 슬라이드 쇼를 실행하고 그림을 클릭하면 자동으로 웹브라우저가 실행되고 연결한 페이지가 표시되는 것을 확인할 수 있어요.

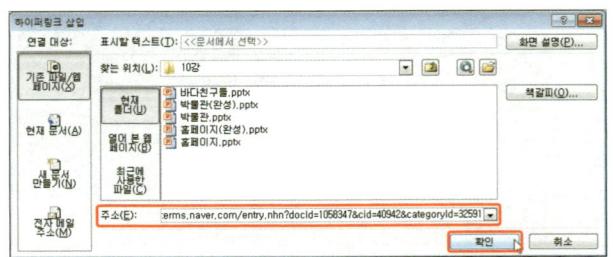

01 파일을 불러온 후 1번 슬라이드의 각 도형 제목에 해당하는 슬라이드가 연결되도록 하이퍼링크를 만들어 보세요.

[예제파일] 박물관.pptx

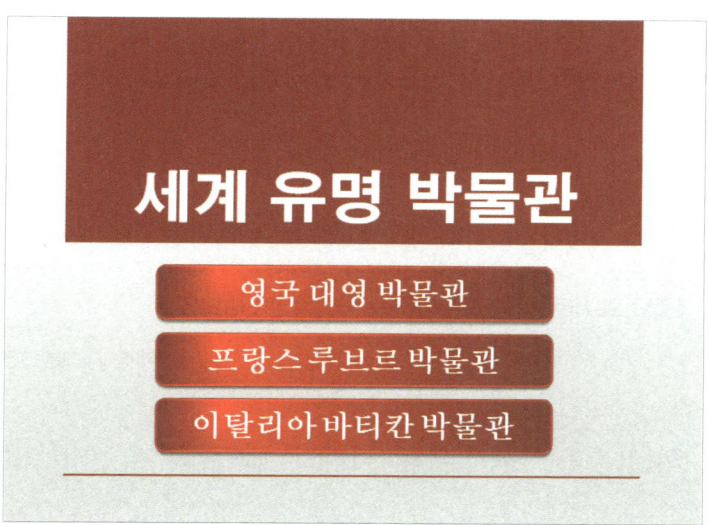

02 파일을 불러온 후 각 로고에 맞는 홈페이지가 연결되도록 하이퍼링크를 만들어 보세요.

[예제파일] 홈페이지.pptx

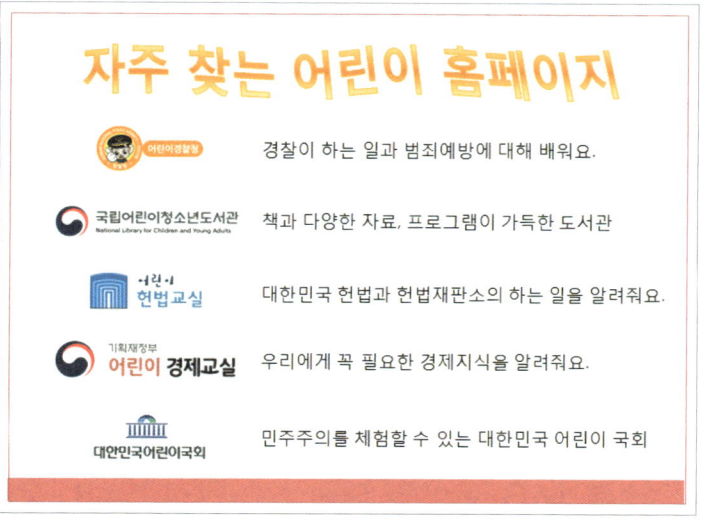

11강 페이지 설정과 테마 적용하기

이렇게 배워요!

- 슬라이드 크기와 방향을 바꾸는 방법을 알아보아요.
- 테마를 이용하여 슬라이드 디자인을 바꾸는 방법을 알아보아요.

 **슬라이드 크기와 방향을 바꿔요.**

슬라이드의 크기를 조절하고 세로 방향으로 바꾸는 방법을 알아보아요.

📁 **[예제파일]** 교통안전.pptx

① 파일을 불러온 후 슬라이드의 크기를 바꾸기 위해 [디자인] 탭–[페이지 설정] 그룹의 [페이지 설정]을 클릭해요.

② [페이지 설정] 대화상자가 표시되면 [슬라이드 크기]를 'A4 용지(210×297mm)'로 선택하고 [확인] 단추를 클릭해요. 슬라이드의 왼쪽과 오른쪽이 확대된 것을 확인할 수 있어요.

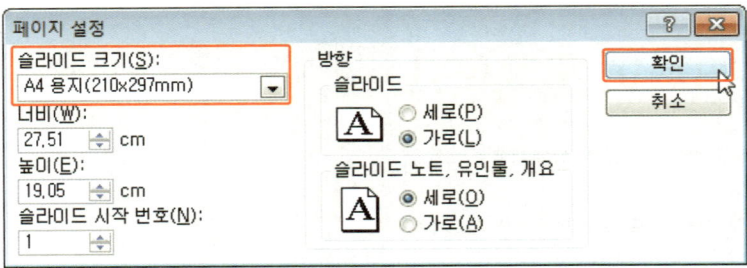

❸ 슬라이드를 세로 방향으로 바꾸기 위해 [디자인] 탭-[페이지 설정] 그룹의 [슬라이드 방향]에서 '세로'를 선택해요.

❹ 그림과 같이 슬라이드가 가로에서 세로 방향으로 바뀐 것을 확인할 수 있어요.

❺ 다시 [슬라이드 크기]를 '화면 슬라이드 쇼(4:3)', [방향]은 '가로'로 변경해 보세요.

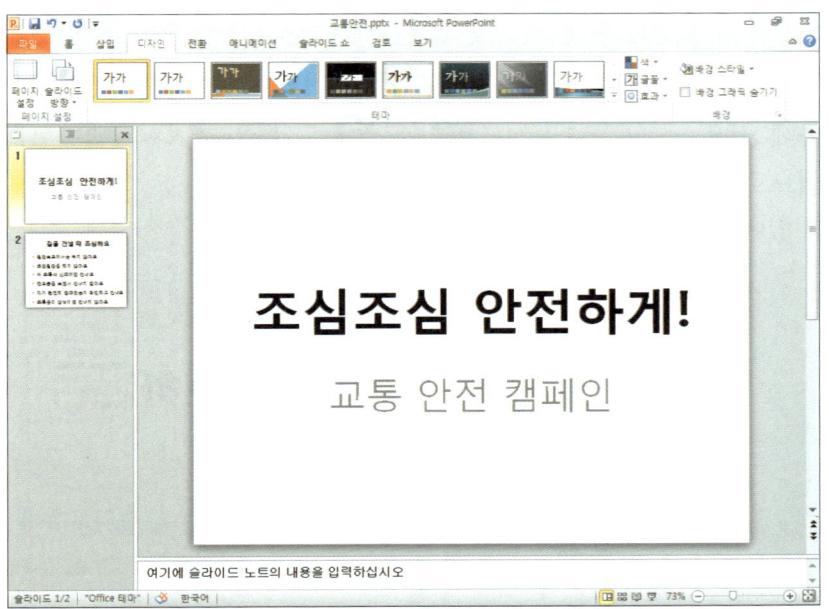

02 슬라이드 테마를 설정해요.

전체 슬라이드에 미리 설정된 테마 디자인을 적용하고 다양한 모양으로 바꾸는 방법을 알아보아요.

① 슬라이드에 테마를 적용하기 위해 [디자인] 탭-[테마] 그룹의 [자세히]를 클릭해요. 테마 목록이 표시되면 '신문'을 선택해요.

② 선택한 테마 디자인이 모든 슬라이드에 적용된 것을 확인할 수 있어요.

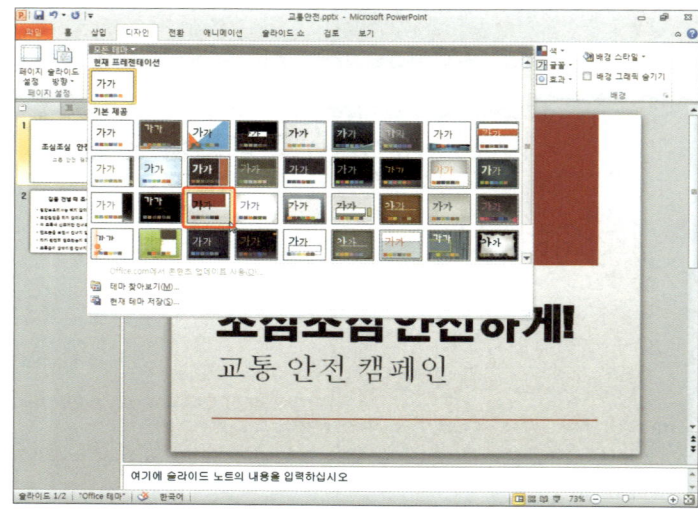

③ 테마에 적용된 색을 바꾸기 위해 [디자인] 탭-[테마] 그룹의 [색]을 클릭해요.

④ 표시된 색 목록에서 '광장'을 선택해요. 테마에 적용된 색이 선택한 색으로 바뀐 것을 확인할 수 있어요.

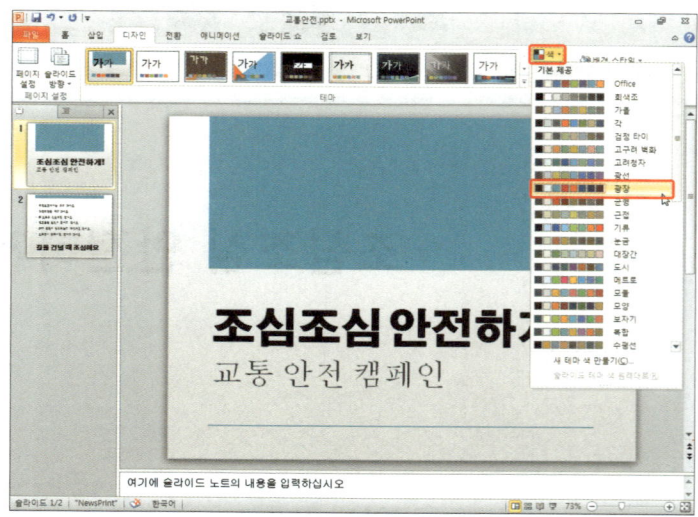

❺ 테마에 적용된 글꼴을 바꾸기 위해 [디자인] 탭-[테마] 그룹의 [글꼴]을 클릭해요.

❻ 글꼴 목록이 표시되면 'Office'를 선택해요. 테마에 적용된 글꼴이 선택한 글꼴로 바뀌어요. 다른 글꼴도 선택해서 슬라이드에 어울리는 글꼴을 적용시켜요.

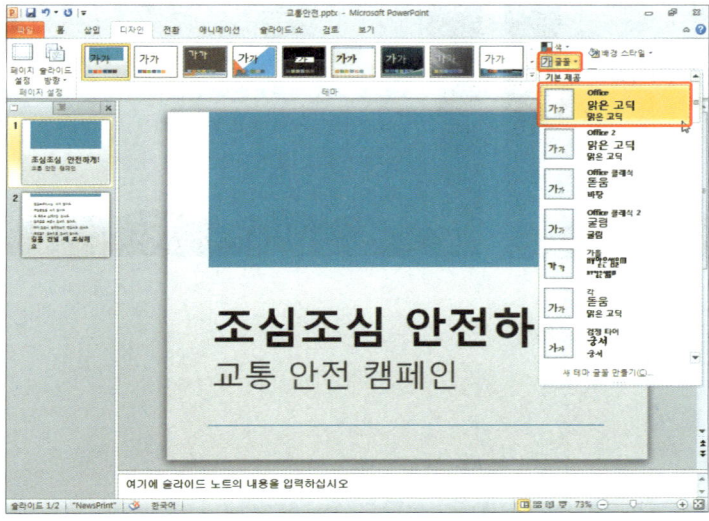

❼ 슬라이드 배경을 바꾸기 위해 [디자인] 탭-[배경] 그룹의 [배경 스타일]을 클릭해요.

❽ 배경 스타일 목록이 표시되면 '스타일 12'를 선택해요. 자동으로 슬라이드 배경과 글꼴의 색이 바뀌는 것을 확인할 수 있어요.

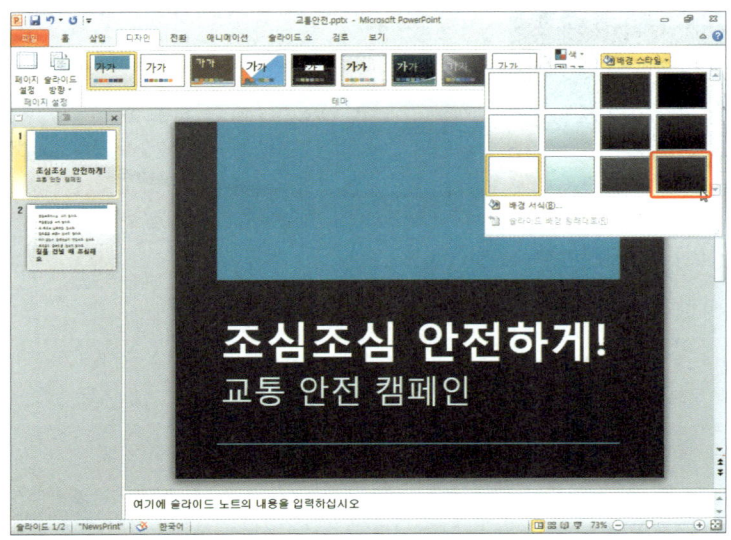

01 파일을 불러온 후 조건에 맞게 슬라이드 크기와 테마를 적용해 보세요.

📁 [예제파일] 월별일정.pptx

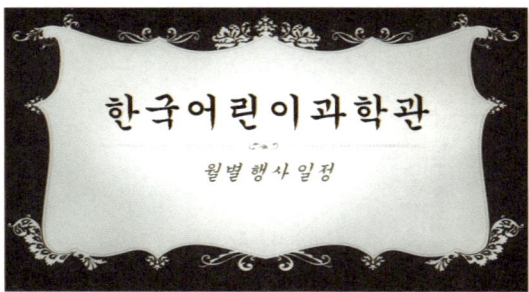 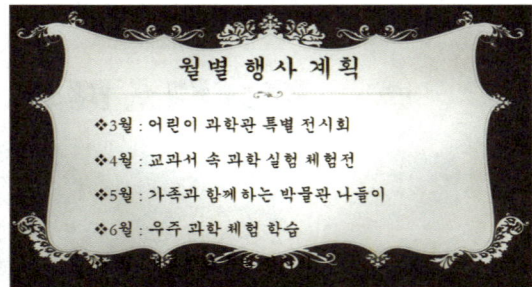

조건
- 슬라이드 크기 : 화면 슬라이드 쇼(16:9)
- 테마 : 첨단

02 파일을 불러온 후 조건에 맞게 테마와 색, 글꼴을 적용해 보세요.

📁 [예제파일] 전통놀이.pptx

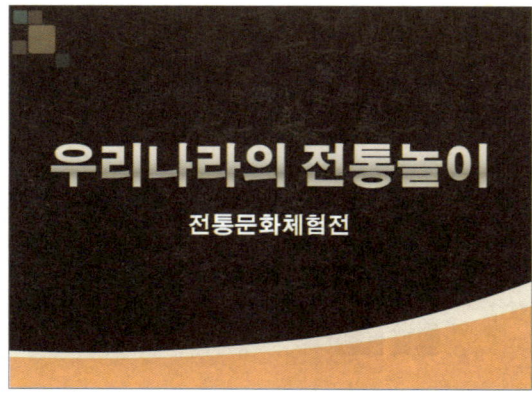 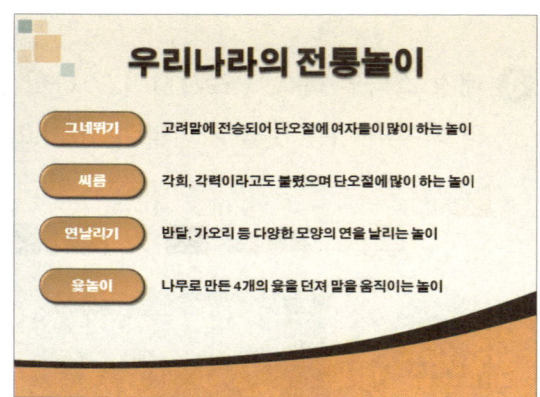

조건
- 테마 : 고려청자
- 색 : 고구려 벽화
- 글꼴 : 눈금

12강 표 삽입하기

이렇게 배워요!

- 슬라이드에 표를 삽입하는 방법을 알아보아요.
- 표 스타일과 테두리를 바꾸는 방법을 알아보아요.

01 슬라이드에 표를 삽입해요.

많은 자료를 한 눈에 보여줄 때 표를 사용하면 편리해요. 슬라이드에 표를 삽입하는 방법을 알아보아요.

 [예제파일] 요리대회.pptx

① 파일을 불러온 후 슬라이드에 표를 삽입하기 위해 [삽입] 탭-[표] 그룹의 [표]를 클릭하고 마우스로 드래그하여 '6줄×6칸'의 표를 선택해요.

② 슬라이드에 표가 삽입되면 표의 테두리를 드래그하여 그림과 같은 모양이 되도록 조절해요.

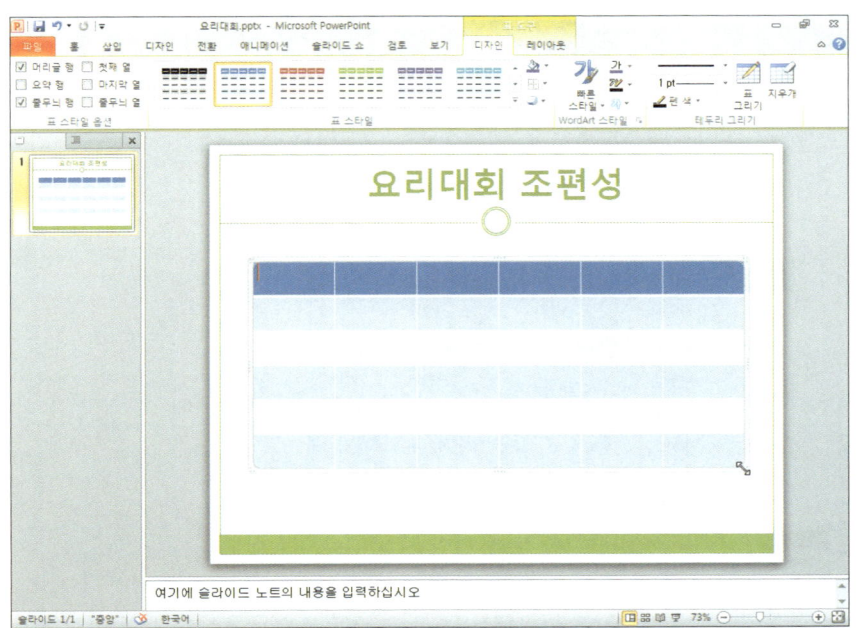

❸ 행이나 열을 추가하려면 [표 도구]-[레이아웃] 탭-[행 및 열] 그룹의 메뉴를 사용해요. 마지막 행을 선택하고 [아래에 삽입]을 클릭하여 새로운 행을 하나 더 추가해요.

❹ 그림과 같이 표의 크기와 위치를 조절하고 내용을 입력해 보세요.

❺ 여러 셀을 하나로 만들기 위해 셀을 블록 설정한 후 [표 도구]-[레이아웃] 탭-[병합] 그룹에서 [셀 병합]을 클릭해요.

❻ 여러 셀이 하나로 만들어져요. 같은 방법을 이용하여 그림과 같은 모양이 되도록 만들어요.

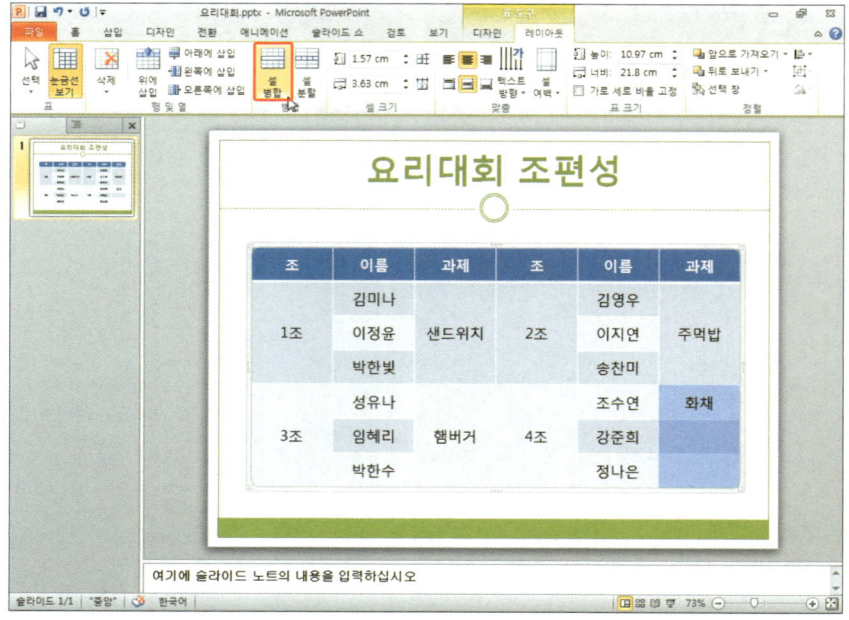

 **표 스타일과 테두리 모양을 바꿔요.**

미리 설정되어 있는 표 스타일을 적용하고 테두리를 원하는 모양으로 바꾸어 보아요.

① 표를 선택하고 [표 도구]-[디자인] 탭-[표 스타일] 그룹의 [자세히]를 클릭해요.

② 표 스타일 목록이 표시되면 '보통 스타일 2 - 강조 3'을 선택해요. 표에 선택한 스타일이 적용된 것을 확인할 수 있어요.

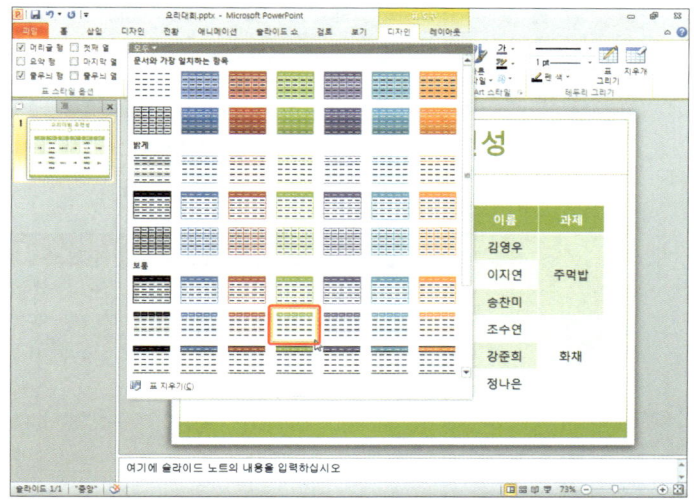

③ 셀의 음영색을 바꾸기 위해 첫 번째 행을 블록 설정한 후 [표 도구]-[디자인] 탭-[표 스타일] 그룹의 [음영]을 클릭해요.

④ 색 목록이 표시되면 '빨강, 강조 2'를 선택해요. 블록을 해제하면 선택한 색이 음영으로 적용된 것을 확인할 수 있어요.

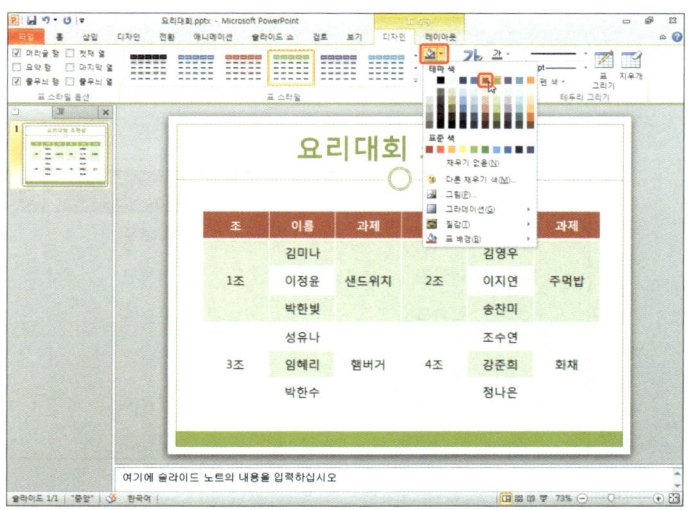

❺ 표 테두리 모양을 바꾸기 위해 [표 도구]-[디자인] 탭-[테두리 그리기] 그룹에서 [펜 스타일]은 '실선', [펜 두께]는 '3pt', [펜 색]은 '검정, 텍스트 1'을 선택해요.

❻ 마우스 포인터 모양이 펜 모양으로 바뀌면 표의 바깥 테두리를 드래그해요. 선택한 테두리 모양이 적용되는 것을 확인할 수 있어요.

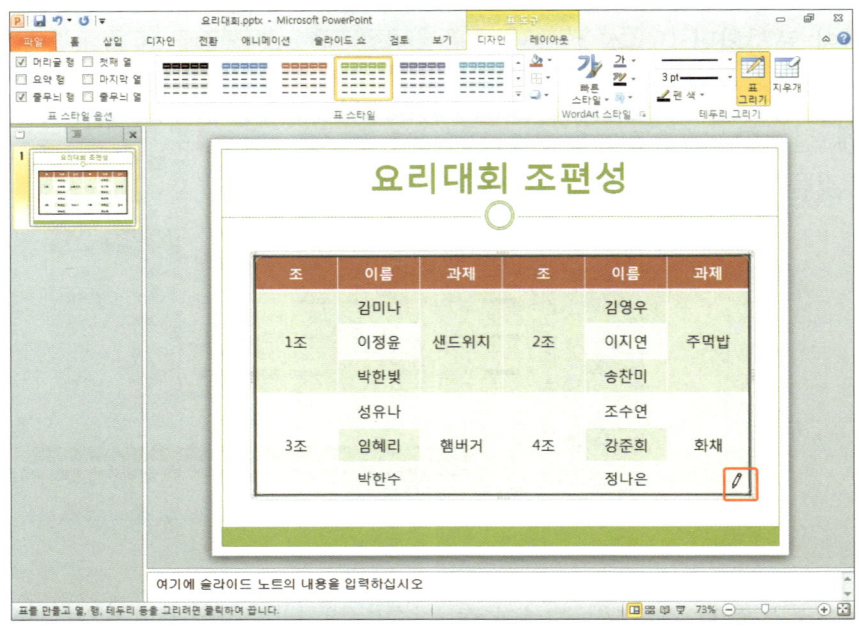

❼ 같은 방법을 이용하여 그림과 같이 테두리를 바꿔 완성해 보세요.

혼자서도 잘해요!

01 파일을 불러온 후 그림과 같은 표를 만들어 보세요.

[예제파일] 미술관.pptx

02 파일을 불러온 후 삽입된 표를 그림과 같이 수정해 보세요.

[예제파일] 봉사활동.pptx

13강 차트 삽입하기

이렇게 배워요!

- 슬라이드에 차트를 삽입하는 방법을 알아보아요.
- 차트를 꾸미는 다양한 기능에 대해 알아보아요.

 **슬라이드에 차트를 삽입해요.**

여러 데이터를 비교할 때 차트를 이용하면 편리해요. 슬라이드에 차트를 삽입하는 방법을 알아보아요.

📁 [예제파일] 차트만들기.pptx

① 파일을 불러온 후 차트를 삽입하기 위해 [삽입] 탭-[일러스트레이션] 그룹에서 [차트]를 클릭해요.

② [차트 삽입] 대화상자가 표시되면 [세로 막대형] 범주에서 '묶은 세로 막대형' 차트를 선택하고 [확인] 단추를 클릭해요.

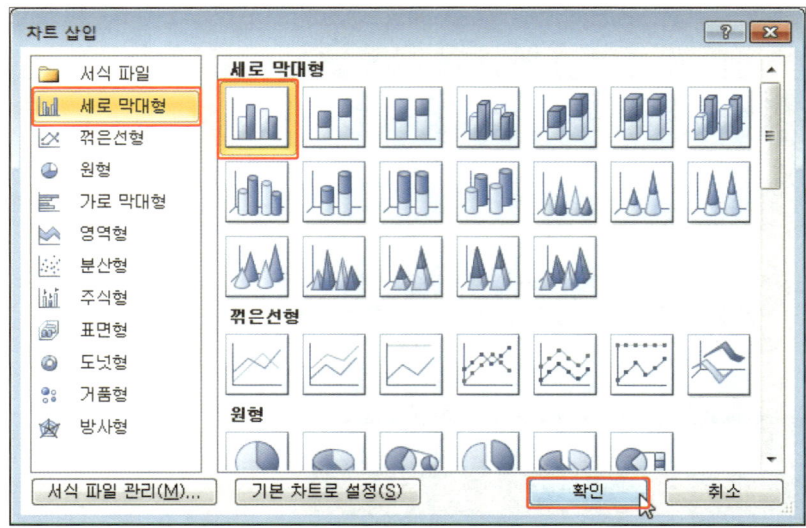

❸ 데이터를 입력할 수 있도록 엑셀 화면이 표시되면 그림과 같이 내용을 입력해요.

❹ 파란선을 드래그하여 필요한 데이터 부분만 선택하고 엑셀 창을 닫아요.

❺ 다시 파워포인트로 돌아오면 입력한 데이터 값에 맞게 차트가 삽입된 것을 확인할 수 있어요.

❻ 차트의 테두리를 드래그하여 그림과 같이 크기를 조절해요.

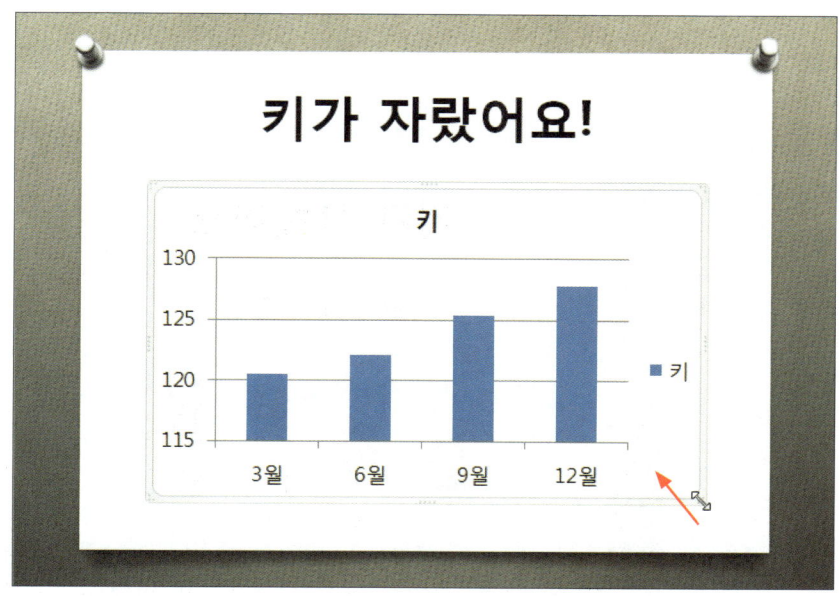

67

차트의 구성 요소들을 설정해요.

차트의 스타일을 바꾸고, 구성하는 요소들의 위치와 옵션을 설정해 보아요.

❶ 차트 스타일을 바꾸기 위해 [차트 도구]-[디자인] 탭-[차트 스타일] 그룹의 [자세히]를 클릭해요.

❷ 스타일 목록이 표시되면 '스타일 20'을 선택해요. 삽입된 차트가 선택한 스타일로 바뀌어요.

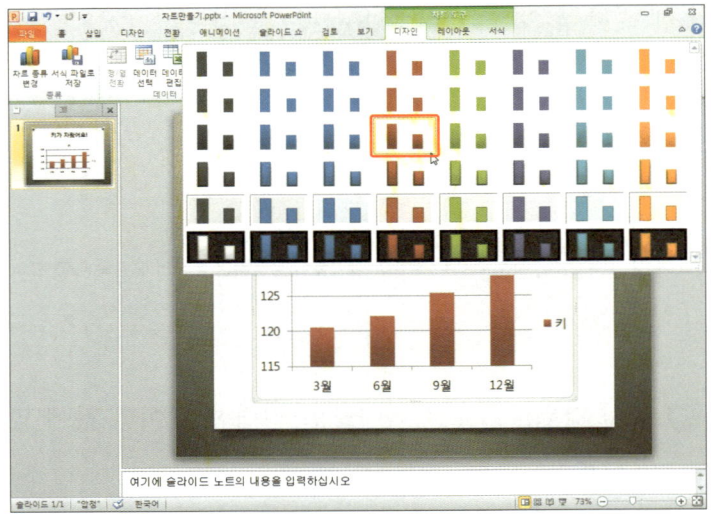

❸ 차트에 제목을 입력하기 위해 [차트 도구]-[레이아웃] 탭-[레이블] 그룹의 [차트 제목]에서 '차트 위'를 선택해요.

❹ 제목을 입력할 수 있는 공간이 표시되면 그림과 같이 차트 제목을 입력해요.

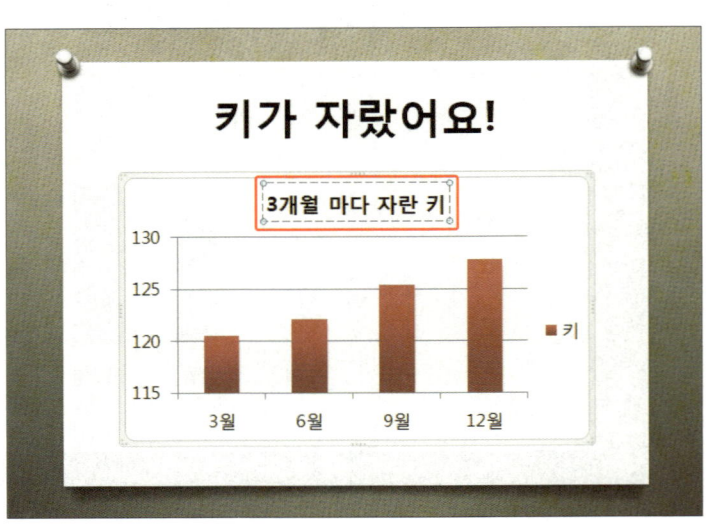

❺ 범례의 위치를 바꾸기 위해 [차트 도구]-[레이아웃] 탭-[레이블] 그룹의 [범례]에서 '아래쪽에 범례 표시'를 선택해요.

❻ 차트의 오른쪽에 있었던 범례가 차트 아래로 이동한 것을 확인할 수 있어요.

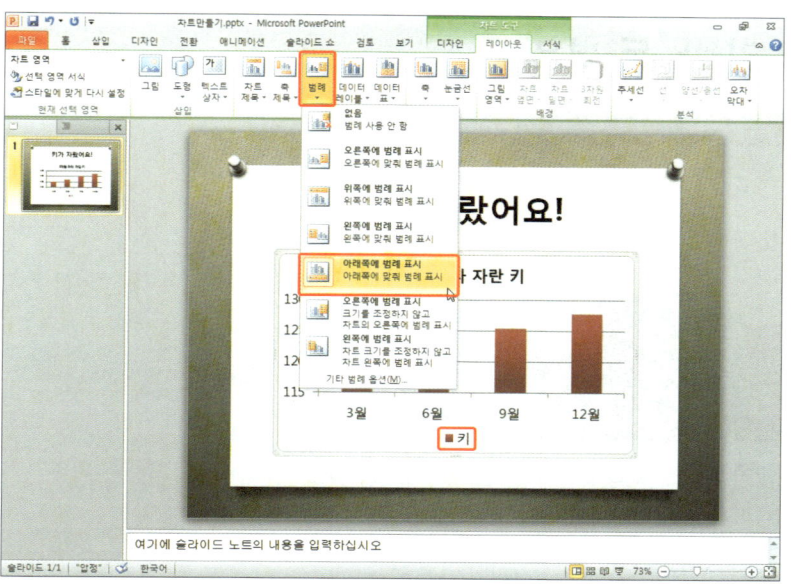

❼ 차트를 다른 모양으로 바꾸기 위해 [차트 도구]-[디자인] 탭-[종류] 그룹에서 [차트 종류 변경]을 클릭해요. 대화상자가 표시되면 [세로 막대형] 범주에서 '표식이 있는 꺾은선형' 차트를 선택하고 [확인] 단추를 클릭해요.

❽ 차트의 데이터와 서식은 그대로 유지한 채 선택한 차트 모양으로 변경된 것을 확인할 수 있어요.

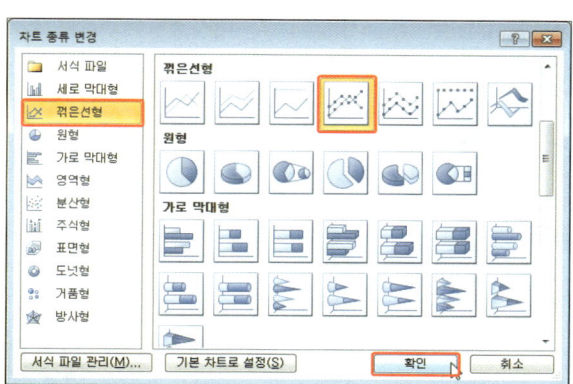

69

01 파일을 불러온 후 그림과 같은 차트를 만들어 삽입해 보세요.

📁 [예제파일] 독서왕.pptx

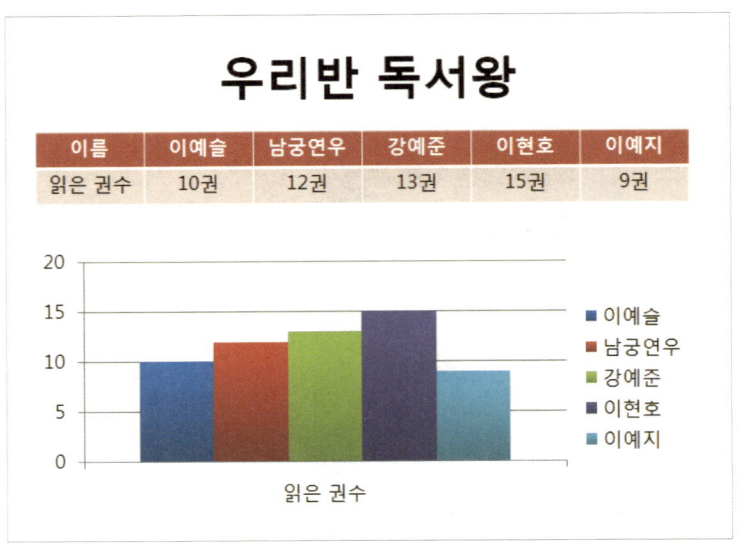

02 파일을 불러온 후 그림과 같은 차트를 만들어 삽입해 보세요.

📁 [예제파일] 원형차트.pptx

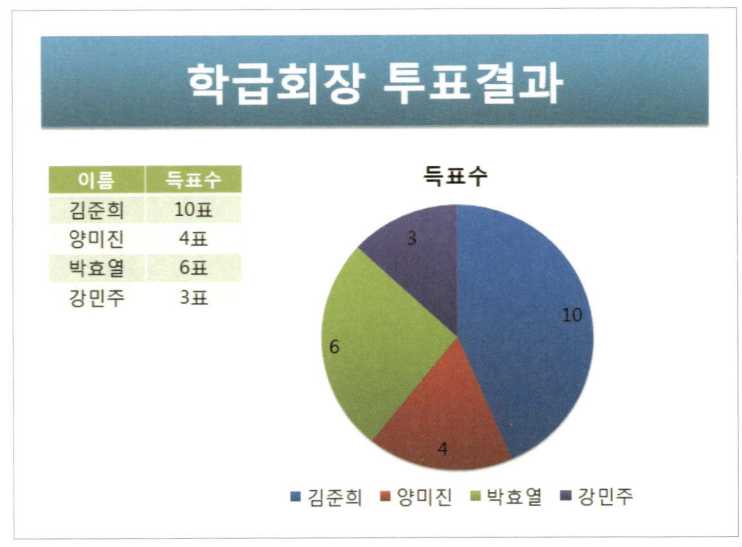

14강 화면 전환 효과 적용하기

이렇게 배워요!

- 슬라이드를 이동할 때 전환 효과를 적용하는 방법을 알아보아요.
- 화면 전환 옵션에 대해 알아보아요.

 **화면 전환 효과를 적용해요.**

슬라이드를 이동할 때 재미있는 애니메이션 효과를 적용하는 방법을 알아보아요.

📁 **[예제파일]** 화면전환.pptx

① 파일을 불러온 후 1번 슬라이드를 선택하고 [전환] 탭-[슬라이드 화면 전환] 그룹의 [자세히]를 클릭해요.

② 화면 전환 효과 목록이 표시되면 [은은한 효과]의 '밀어내기'를 선택해요. 선택한 전환 효과가 슬라이드에 표시되는 것을 확인할 수 있어요.

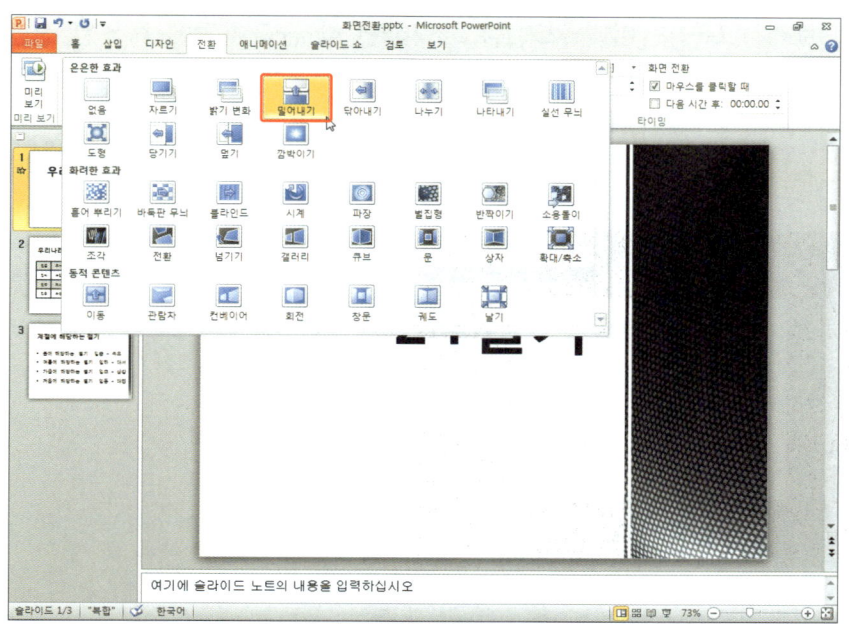

71

❸ 선택한 효과가 적용되는 방향을 바꾸기 위해 [전환] 탭-[슬라이드 화면 전환] 그룹의 [효과 옵션]을 클릭해요.

❹ 방향을 선택할 수 있는 목록이 표시되면 '오른쪽에서'를 선택해요. 전환 효과가 슬라이드에 표시되고 선택한 방향으로 바뀐 것을 확인할 수 있어요.

❺ 같은 방법을 이용하여 다른 슬라이드에도 화면 전환 효과를 적용해 보세요.

❻ [전환] 탭-[미리 보기] 그룹의 [미리 보기]를 클릭하면 각 슬라이드에 적용된 전환 효과를 확인할 수 있어요.

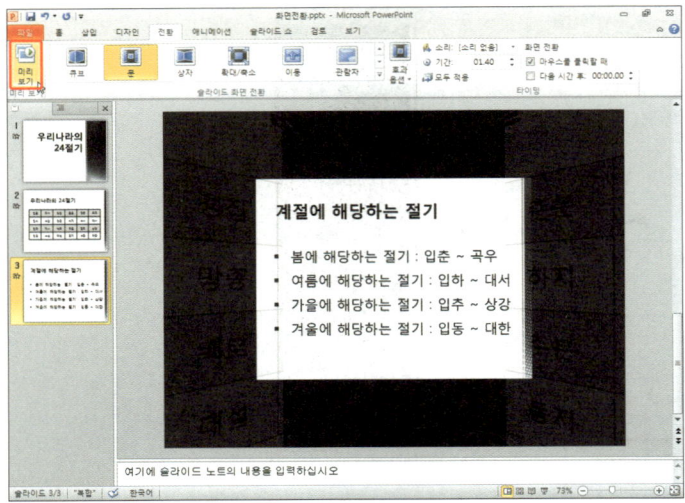

 **화면 전환 옵션을 설정해요.**

슬라이드에 설정된 화면 전환 효과 옵션을 설정하는 방법을 알아보아요.

① 1번 슬라이드를 선택하고 화면이 전환할 때 소리를 재생하기 위해 [전환] 탭-[타이밍] 그룹의 [소리]에서 '요술봉'을 선택해요.

② [미리 보기]를 클릭하면 화면 전환 효과와 함께 선택한 소리가 재생되는 것을 확인할 수 있어요.

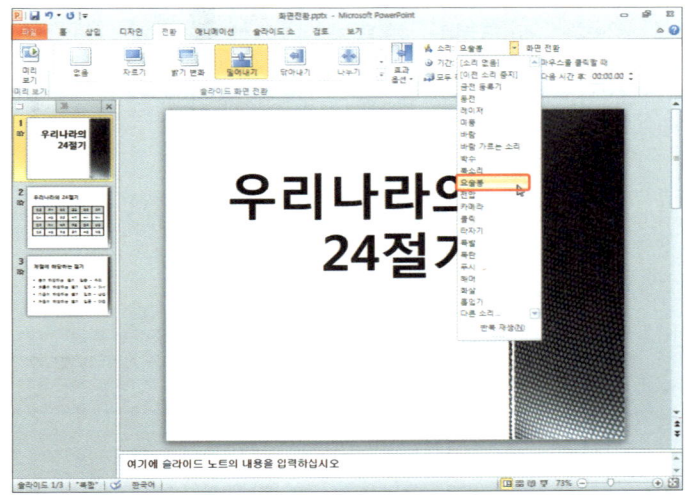

③ 화면이 전환되는 속도를 바꾸기 위해 [전환] 탭-[타이밍] 그룹의 [기간]을 '03.00'으로 설정해요.

④ [미리 보기]를 클릭하면 화면 전환 애니메이션이 '3초' 동안 실행되는 것을 확인할 수 있어요.

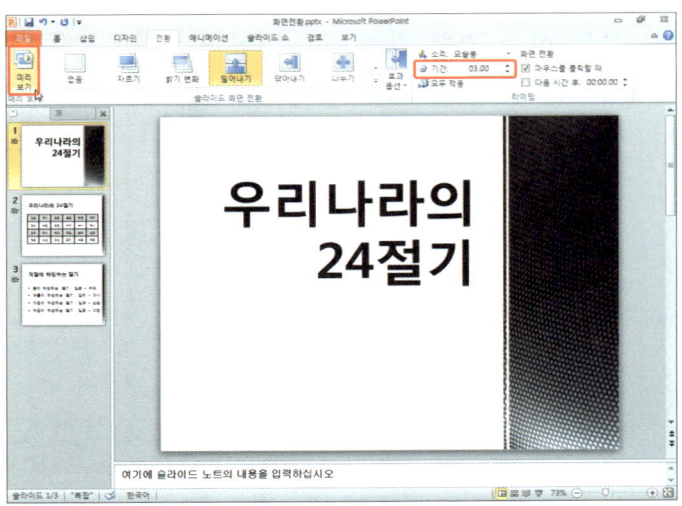

❺ 정해진 시간이 되면 다음 슬라이드로 넘어가도록 만들기 위해 [전환] 탭-[타이밍] 그룹의 [화면 전환]에서 '마우스를 클릭할 때'를 해제하고 '다음 시간 후'를 선택한 후 '03:00'으로 설정해요.

❻ 슬라이드 쇼를 실행하면 정해진 시간이 지나면 자동으로 다음 슬라이드로 이동하는 것을 확인할 수 있어요.

❼ [슬라이드 화면 전환]은 '갤러리', [소리]는 '카메라', [기간]은 '02.00'로 설정하고 [타이밍] 그룹의 [모두 적용]을 클릭해요.

❽ 슬라이드 쇼를 실행하면 모든 슬라이드에 같은 화면 전환 효과가 적용된 것을 확인할 수 있어요.

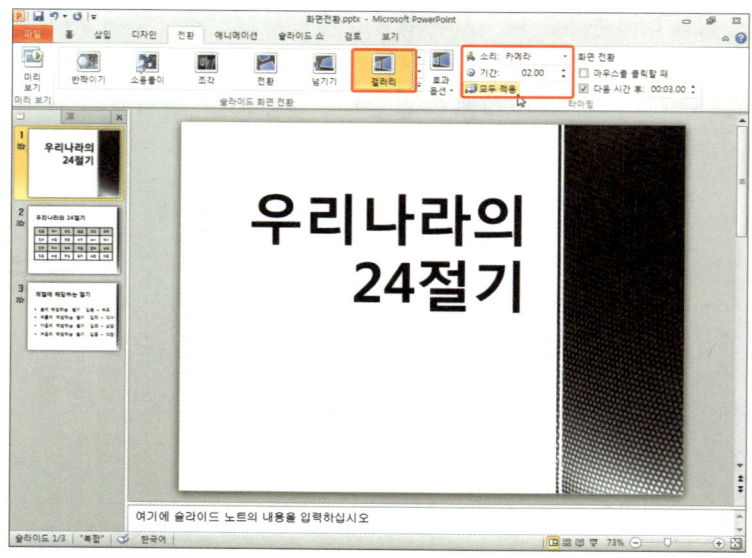

01 파일을 불러온 후 조건과 같이 각 슬라이드에 화면 전환 효과를 적용해 보세요.

[예제파일] 건강탐험대.pptx

- 오메가3 : 등푸른 생선, 참치
- 아연 : 굴, 전복 등의 해산물
- 비타민B : 현미, 잡곡, 채소, 버섯
- 비타민C : 브로콜리, 피망, 키위, 딸기
- 비타민D : 말린 과일, 우유, 유제품

비타민이 풍부한 음식

조건
- 1번 슬라이드 : 효과 – 시계, 소리 – 동전, 기간 – 2초
- 2번 슬라이드 : 효과 – 파장, 소리 – 타자기, 기간 – 3초
- 3번 슬라이드 : 효과 – 벌집형, 소리 – 해머, 기간 – 2초

02 파일을 불러온 후 조건과 같이 각 슬라이드에 화면 전환 효과를 적용해 보세요.

[예제파일] 계절꽃.pptx

봄과 여름에 피는 꽃

| 봄 | 개나리, 민들레, 목련, 진달래, 제비꽃, 벚꽃 |
| 여름 | 나팔꽃, 달맞이 꽃, 바람꽃, 나무딸기, 강아지풀, 해바라기 |

조건
- 모든 슬라이드 : 효과 – 반짝이기, 소리 – 전압, 기간 – 3초
- 화면 전환은 '5초' 후에 자동으로 다른 슬라이드로 이동하도록 설정하세요.

15강 애니메이션 설정하기

이렇게 배워요!

- 개체에 애니메이션 효과를 적용하는 방법을 알아보아요.
- 애니메이션의 순서를 바꾸는 방법을 알아보아요.

 **애니메이션 효과를 적용해요.**

슬라이드에 삽입한 도형이나 그림과 같은 개체에 애니메이션을 적용하는 방법을 알아보아요.

📁 [예제파일] 애니메이션.pptx

① 파일을 불러온 후 애니메이션을 적용하기 위해 '강아지' 그림을 선택하고 [애니메이션] 탭-[애니메이션] 그룹의 [자세히]를 클릭해요.

② 표시되는 애니메이션 목록에서 [나타내기]의 '바운드'를 선택해요. 선택한 애니메이션이 적용되고 효과가 표시돼요.

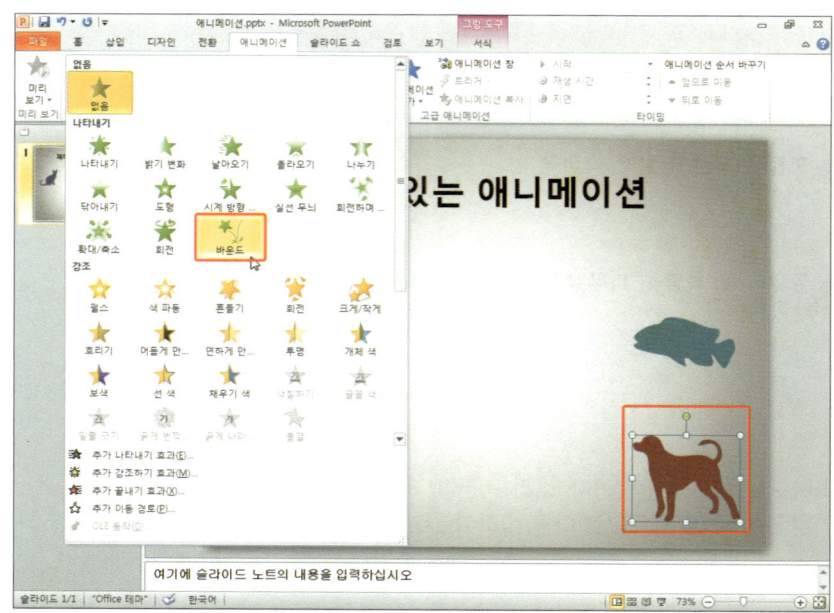

❸ 애니메이션을 추가하기 위해 [애니메이션] 탭-[고급 애니메이션] 그룹에서 [애니메이션 추가]를 클릭해요.

❹ 표시되는 애니메이션 목록에서 [강조]의 '흔들기'를 선택해요. [미리 보기]를 클릭하면 적용한 2개의 애니메이션이 순서에 따라 재생되는 것을 확인할 수 있어요.

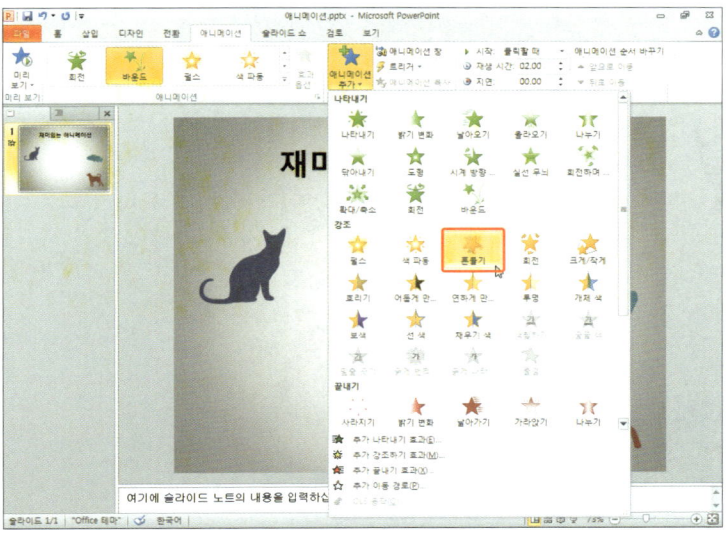

❺ 이동하는 애니메이션을 만들기 위해 [애니메이션] 탭-[애니메이션] 그룹의 [자세히]를 클릭하고 [이동 경로]의 '선'을 선택해요. 강아지가 화면 아래로 이동하는 것을 확인할 수 있어요.

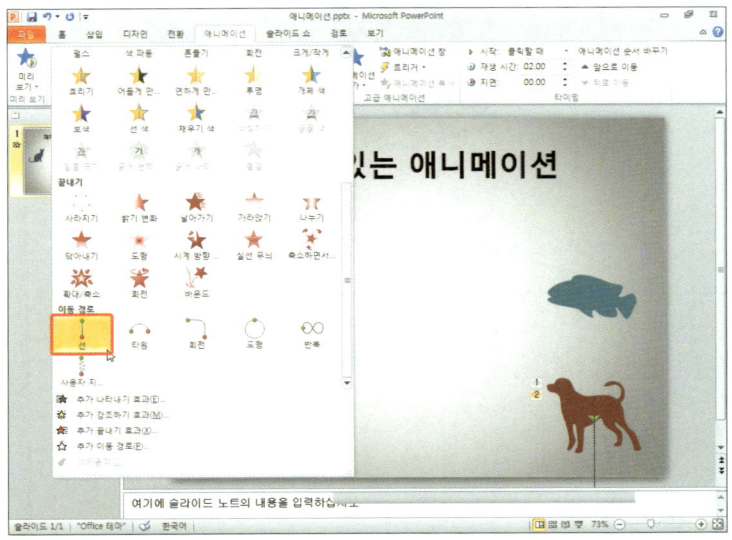

❻ 다른 방향으로 이동시키기 위해 빨간색 화살표의 점을 마우스로 드래그하여 왼쪽으로 이동해요. [미리 보기]를 클릭하면 이동하는 방향이 바뀐 것을 확인할 수 있어요.

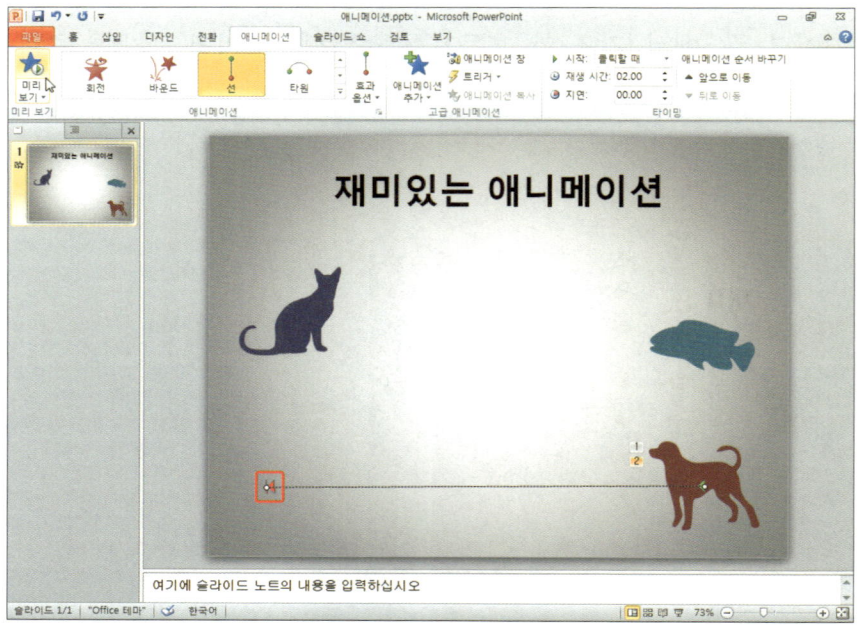

❼ 같은 방법을 이용하여 다른 그림에도 재미있는 애니메이션을 적용해 보세요.

 **애니메이션의 순서를 바꿔요.**

여러 개체에 적용된 애니메이션의 순서를 바꾸는 방법을 알아보아요.

① 애니메이션의 순서를 바꾸기 위해 [애니메이션] 탭-[고급 애니메이션] 그룹의 [애니메이션 창]을 클릭해요. 화면 오른쪽에 [애니메이션 창]이 표시되고 애니메이션 목록이 지정한 순서에 따라 표시돼요.

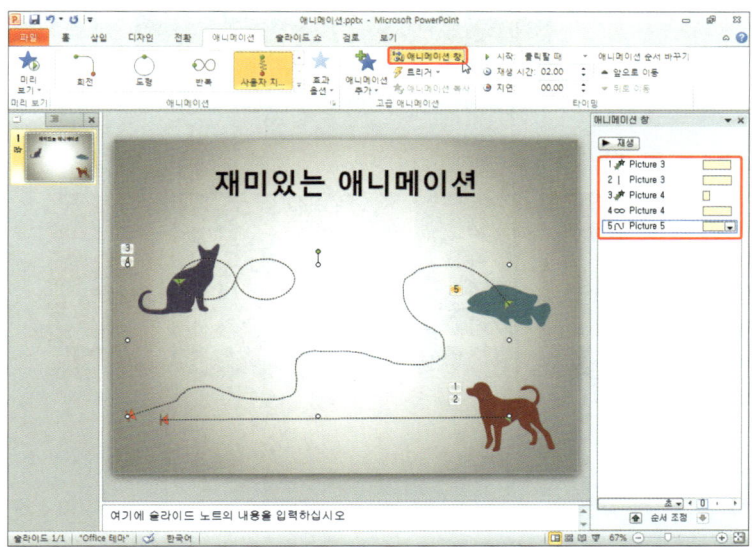

② 애니메이션을 마우스로 드래그하여 이동하거나 [애니메이션 창] 아래의 [순서 조정] 화살표 단추를 클릭해서 그림과 같이 순서를 바꿔요.

③ [애니메이션 창]의 [재생] 단추를 클릭하면 변경한 순서에 따라 애니메이션이 진행되는 것을 확인할 수 있어요.

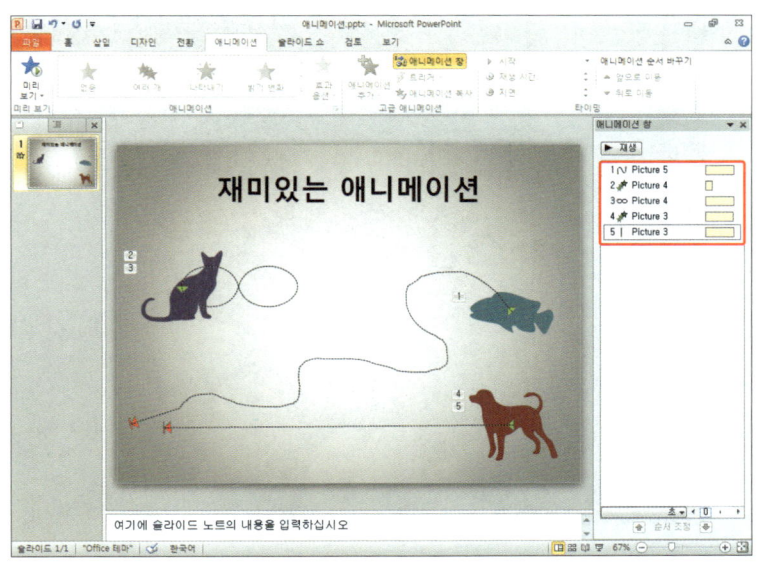

01 파일을 불러온 후 숫자 순서에 따라 애니메이션이 실행되도록 만들어 보세요.

📁 [예제파일] 숫자애니메이션.pptx

02 파일을 불러온 후 사용자 지정 경로에 따라 애니메이션이 실행되도록 만들어 보세요.

📁 [예제파일] 물고기.pptx

16강 슬라이드 쇼 실행하기

이렇게 배워요!
- 프레젠테이션을 발표하는 슬라이드 쇼에 대해 알아보아요.
- 슬라이드 쇼를 진행하는 다양한 방법에 대해 알아보아요.

 **슬라이드 쇼를 진행해요.**

멋있게 만든 슬라이드를 발표하는 슬라이드 쇼에 대해 알아보아요.

[예제파일] 고려시대.pptx

① 파일을 불러온 후 슬라이드 쇼를 실행하기 위해 [슬라이드 쇼] 탭-[슬라이드 쇼 시작] 그룹에서 [처음부터]를 클릭해요.

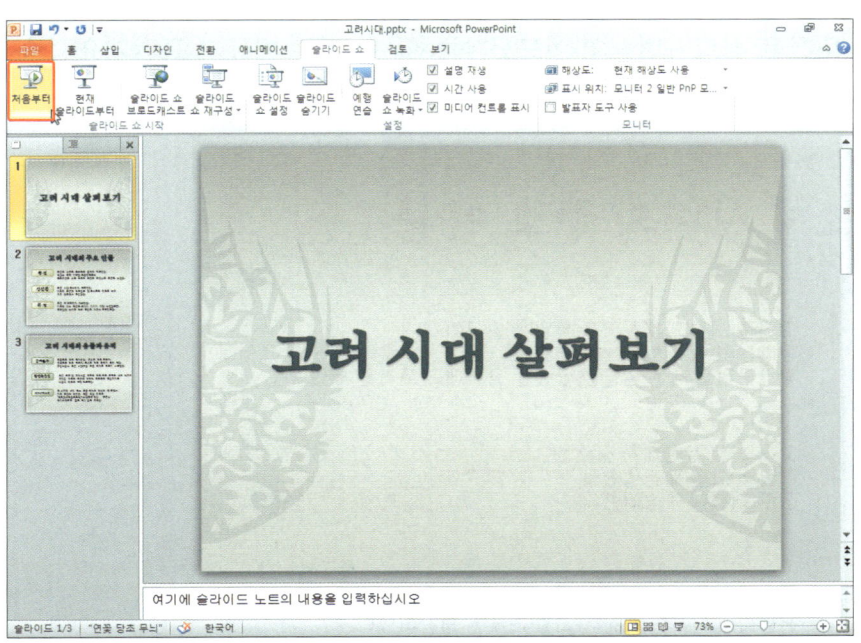

❷ 화면 전체에 슬라이드 쇼가 진행돼요. 마우스를 클릭하거나 키보드 방향키를 이용하여 다른 슬라이드로 이동할 수 있어요.

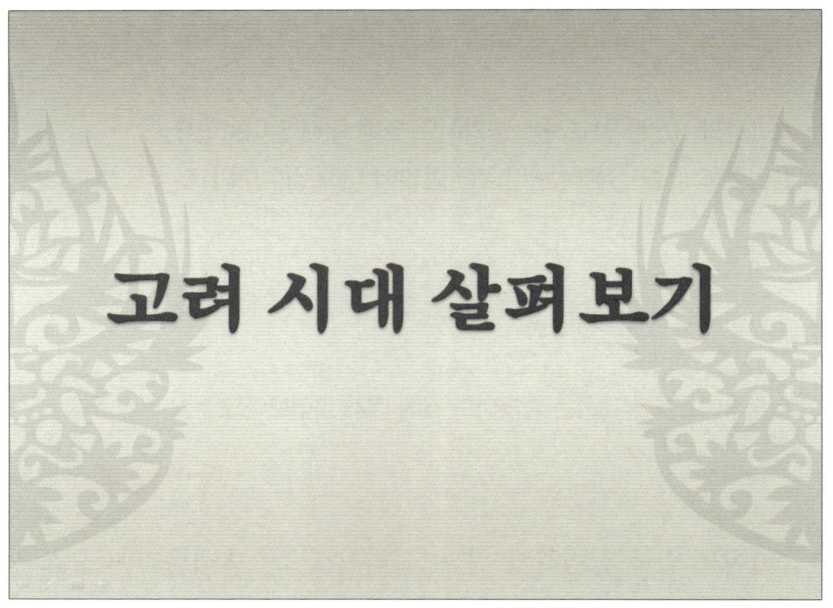

❸ 마우스 오른쪽 버튼을 클릭하면 슬라이드를 이동할 수 있는 메뉴가 표시돼요. [슬라이드로 이동]에서 이동하려는 슬라이드를 직접 선택해서 이동해 보세요.

④ 슬라이드 쇼 화면에 마우스를 이용하여 글자를 입력할 수 있어요. 마우스 오른쪽 버튼을 클릭하고 [포인터 옵션]에서 '펜'을 선택해요.

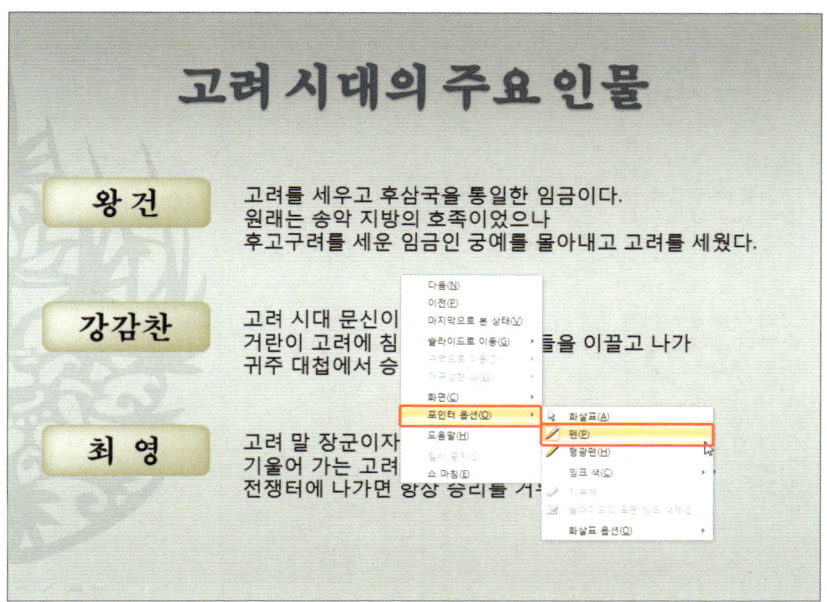

⑤ 마우스 포인터 모양이 바뀌면 마우스 왼쪽 버튼을 누른 상태에서 드래그하여 그림과 같이 선을 입력해요.

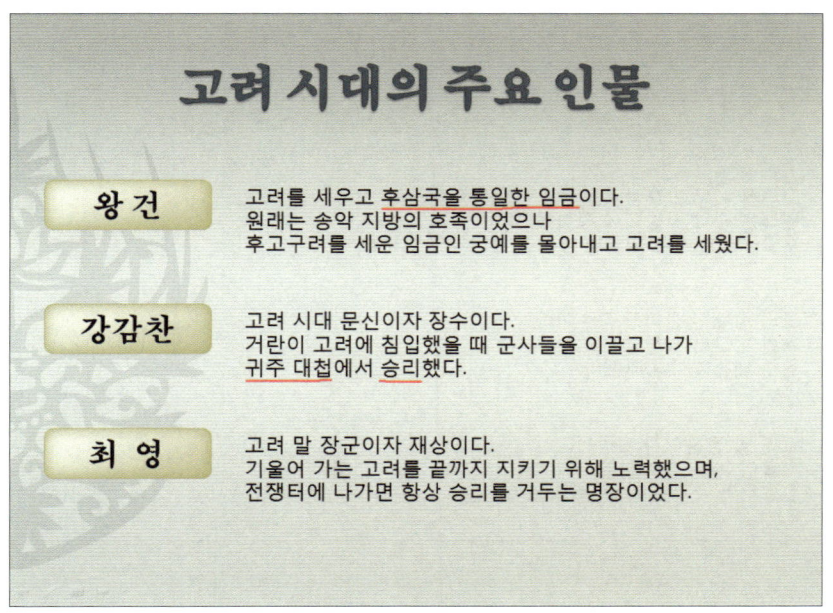

❻ 입력한 내용을 지우기 위해 마우스 오른쪽 버튼을 누르고 [포인터 옵션]에서 '슬라이드의 모든 잉크 삭제'를 선택해요.

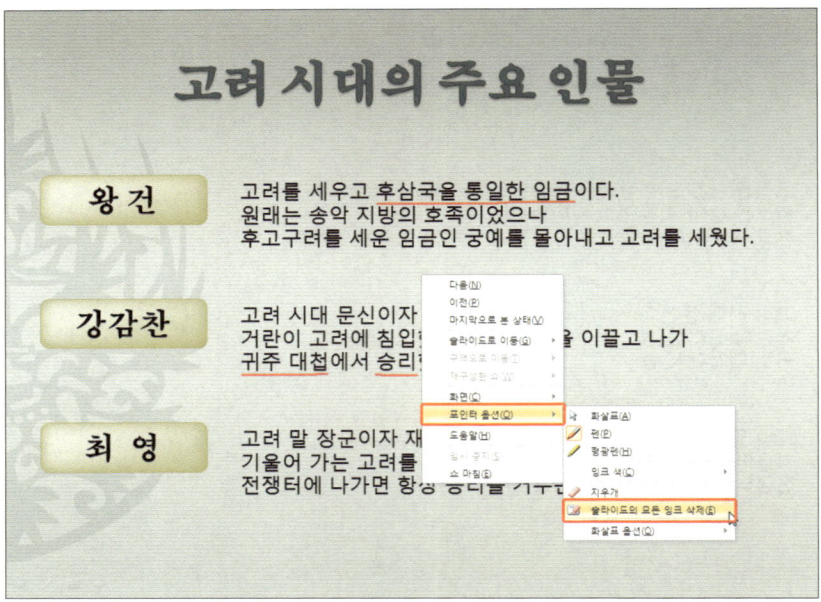

❼ 슬라이드 쇼를 중지하려면 Esc 를 누르거나 마우스 오른쪽 버튼을 눌러 표시되는 메뉴에서 [쇼 마침]을 선택해요.

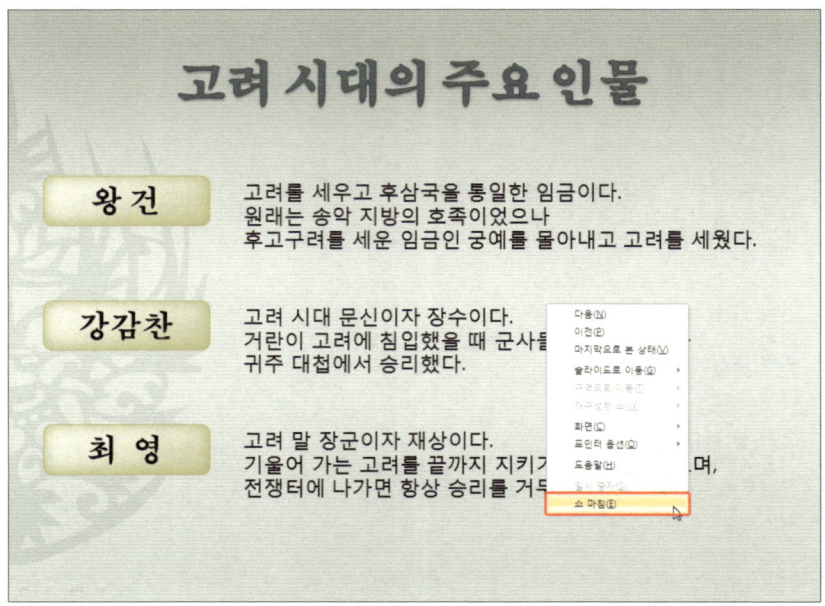

혼자서도 잘해요!

01 파일을 불러온 후 슬라이드 쇼를 실행하고 슬라이드를 이동하는 방법에는 어떤 것이 있는지 알아 보세요.

[예제파일] 세종대왕.pptx

02 파일을 불러온 후 슬라이드 쇼를 실행하고 그림과 같이 형광펜으로 표시해 보세요.

[예제파일] 푸들.pptx

 동물 캐릭터 만들기

📁 [연습파일] 동물캐릭터.pptx

도형을 이용하여 재미있는 동물의 얼굴을 만들 수 있어요. 도형들을 연결하고 이동시켜서 동물 캐릭터를 만들어 보세요.

Hello! Animal!

Lion   Monkey   Bear

HINT

사자 얼굴 만들기
- 사자의 갈기로 사용할 도형을 먼저 입력하고 순서에 맞게 도형을 가져와 배치합니다.
- 삼각형으로 눈을 만들 때 회전 기능을 이용합니다.

원숭이 얼굴 만들기
- 입 부분을 제외한 모든 부분은 타원 도형을 이용해 만듭니다.
- 입 부분은 선 도형을 이용해 만듭니다.

곰 얼굴 만들기
- 입 부분은 3개의 선을 이용하여 만듭니다.
- 위치가 잘 맞지 않을 때에는 편집 화면을 확대하고 작업합니다.

[연습파일] 급행열차.pptx

지하철 노선도 만들기

스마트아트를 이용하여 지하철 역을 표시하고 급행열차가 정차하는 역만 다른 모양으로 표시되도록 만들어 보세요.

HINT

워드아트 제목
- [WordArt 스타일]은 '그라데이션 채우기 – 파랑, 강조 1', [텍스트 효과]는 '근접 반사, 4 pt 오프셋'을 적용합니다.

스마트아트
- [SmartArt]는 '원 강조 시간 표시 막대형'을 이용하여 삽입합니다.
- 필요한 도형은 추가하고, 급행 열차가 서는 정차역은 '수준 올리기'를 이용하여 만듭니다.
- 스마트아트의 [색 변경]에서 '그라데이션 반복 – 강조 1'을 적용합니다.

클립 아트
- 클립 아트는 '지하철'로 검색해서 해당하는 이미지를 찾아 삽입합니다.
- [그림 스타일]은 '회전, 흰색'을 적용합니다.

📁 [연습파일] 달력만들기.pptx

 달력 만들기

표를 이용하면 내가 원하는 모양의 달력을 쉽게 만들 수 있어요. 나만의 달력을 만들어 보세요.

2018 Calendar

January
S	M	T	W	T	F	S
	1	2	3	4	5	6
7	8	9	10	11	12	13
14	15	16	17	18	19	20
21	22	23	24	25	26	27
28	29	30	31			

February
S	M	T	W	T	F	S
				1	2	3
4	5	6	7	8	9	10
11	12	13	14	15	16	17
18	19	20	21	22	23	24
25	26	27	28			

March
S	M	T	W	T	F	S
				1	2	3
4	5	6	7	8	9	10
11	12	13	14	15	16	17
18	19	20	21	22	23	24
25	26	27	28	29	30	31

April
S	M	T	W	T	F	S
1	2	3	4	5	6	7
8	9	10	11	12	13	14
15	16	17	18	19	20	21
22	23	24	25	26	27	28
29	30					

HINT

표 만들기
- 표는 7칸×7줄을 삽입하여 만듭니다.
- 각 월의 영문 이름이 들어가는 부분은 하나의 셀로 병합합니다.
- 요일이 표시되는 부분은 글꼴을 굵게 만들고, 공휴일이나 일요일은 빨간색으로 서식을 적용합니다.
- 표 안에 글자를 입력할 때는 키보드 방향키를 이용하여 이동하는 것이 편리합니다.

표 복사하기
- 하나의 달력이 완성되면 복사해서 나머지 달력을 만들고 날짜를 변경하여 입력합니다.
- 여러 셀을 블록 설정하고 Delete 를 누르면 셀의 데이터만 삭제할 수 있습니다.

📁 [연습파일] 교육프로그램.pptx

교육프로그램 만들기

표를 이용하면 많은 자료를 이해하기 쉽게 정리할 수 있어요. 표와 도형을 이용하여 여름방학 교육프로그램을 만들어 보세요.

	프로그램	교실	교육내용
평일 (금요일)	신기한 코딩나라	컴퓨터 A교실	코딩이란 무엇일까? 스크래치와 엔트리 만나기 처음 만드는 코딩
주말 (토요일)	자격증 기초반	컴퓨터 A교실	자격증 취득을 위한 특별반 고급 등급 취득을 위한 연습
	자격증 고급반	컴퓨터 B교실	100% 합격을 위한 교육

HINT

표 부분
- 표는 3칸×3줄로 만들고 선과 조절점을 드래그하여 크기를 조절합니다. 필요한 부분은 병합합니다.
- [표 스타일]은 '테마 스타일 1 - 강조 3'을 설정하고 [표 스타일 옵션]은 모두 해제합니다.

상단 도형
- '양쪽 모서리가 둥근 사각형'과 '사다리꼴' 도형을 이용하여 만듭니다.

좌측 도형
- '오각형' 도형을 삽입하고 회전시켜 만듭니다.
- '연한 녹색' 계열색을 선택하고 그라데이션 효과를 적용하여 만듭니다.

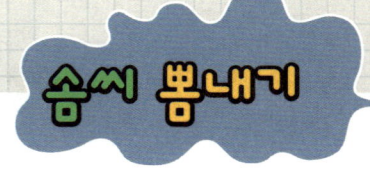

[연습파일] 봉사활동.pptx

봉사활동시간 정리표 만들기

여러 값을 비교해야 할 때 차트를 이용하면 편리합니다. 표와 차트를 삽입하여 완성해 보세요.

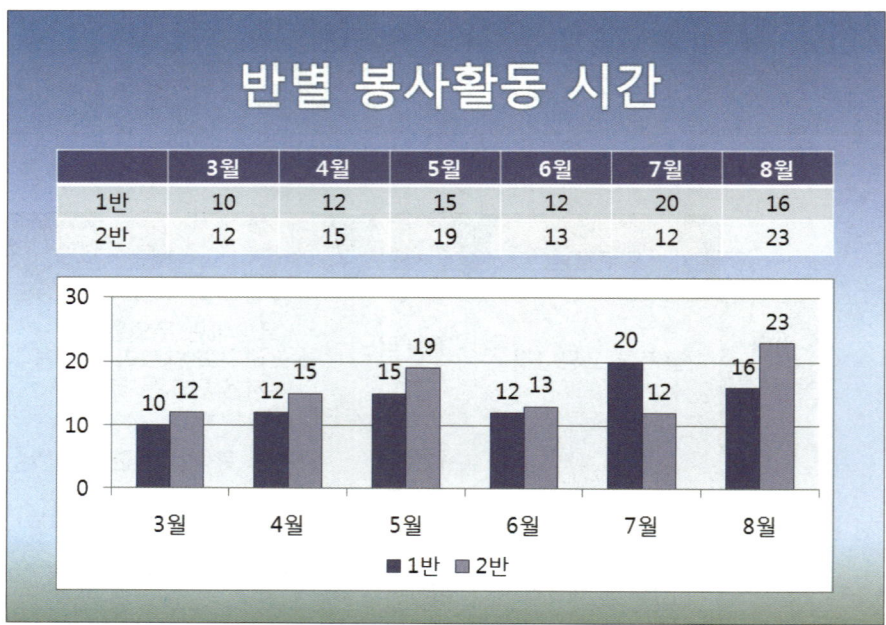

HINT

WordArt 부분
- [WordArt 스타일]은 '채우기 – 흰색, 그림자'를 적용합니다.

표 부분
- 슬라이드에 미리 삽입된 표를 사용하고, [표 스타일]은 '보통 스타일 2 – 강조 4'를 적용합니다.

차트 부분
- '묶은 세로 막대형' 차트를 선택하고 표 내용에 맞게 데이터를 입력합니다.
- [차트 스타일]은 '스타일 38'을 적용합니다.
- [범례]는 차트 아래쪽으로 이동하고, [데이터 레이블]은 '바깥쪽 끝에' 표시되도록 합니다.

배경 부분
- 슬라이드 배경은 [그라데이션 채우기]의 '안개'를 적용합니다.

[연습파일] 줄넘기평가.pptx

줄넘기 평가 결과 만들기

누가 줄넘기를 잘 하는지 표와 차트를 이용하여 비교하는 슬라이드를 완성해 보세요.

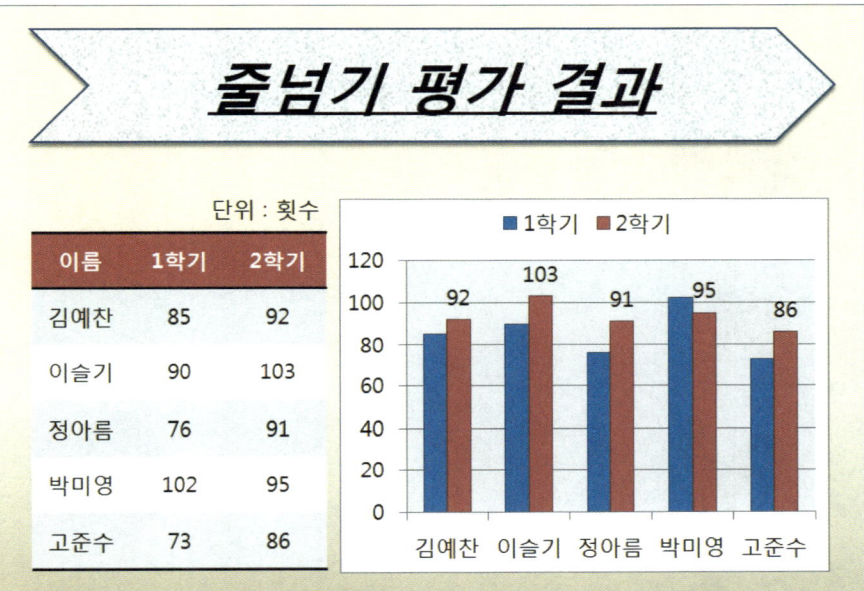

HINT

도형 제목
- '갈매기형 수장' 도형을 삽입하고 [그림 또는 질감 채우기]에서 '신문 용지'를 적용합니다.
- 제목 텍스트를 입력하고 '굵게', '기울임꼴', '밑줄' 서식을 적용합니다.

표 부분
- 6줄×3칸의 표를 삽입하고 [표 스타일]은 '보통 스타일 3 – 강조 2'를 적용합니다.
- [텍스트 상자]를 이용하여 표 위에 '[단위 : 횟수]'를 입력합니다.

차트 부분
- 표의 내용을 이용하여 '묶은 세로 막대형' 차트를 삽입합니다.
- [차트 스타일]은 '스타일 34'를 적용하고 [범례]를 차트 위에 표시되도록 만듭니다.
- '2학기' 계열에만 [데이터 레이블]이 표시되도록 만듭니다.

배경 부분
- 슬라이드 배경은 [그라데이션 채우기]의 '양피지'를 적용합니다.

[연습파일] 동물애니메이션.pptx

 동물 애니메이션 만들기

동물들이 자기의 이름표를 찾아가는 재미있는 애니메이션을 만들어 슬라이드를 완성해 보세요.

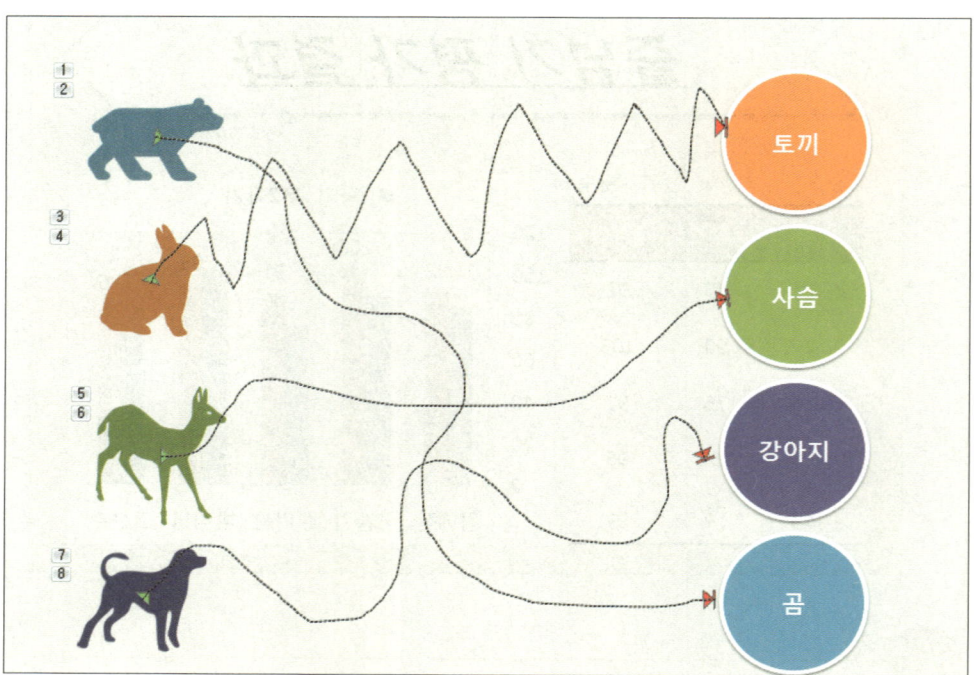

HINT

그림 색 바꾸기
- 동물의 그림을 선택하고 [그림 도구]-[서식] 탭-[조정] 그룹의 [색]에서 동물 이름표와 같은 색이 되도록 설정합니다.

애니메이션 설정하기
- 곰 : 회전하며 밝기 변화, 사용자 지정 경로
- 토끼 : 확대/축소, 사용자 지정 경로
- 사슴 : 바운드, 사용자 지정 경로
- 강아지 : 위로 올리기, 사용자 지정 경로

[연습파일] 전통놀이.pptx

전통놀이 발표 슬라이드 만들기

우리나라의 전통놀이를 소개하는 슬라이드에 전환 효과를 적용하고 슬라이드 쇼를 이용하여 발표해 보세요.

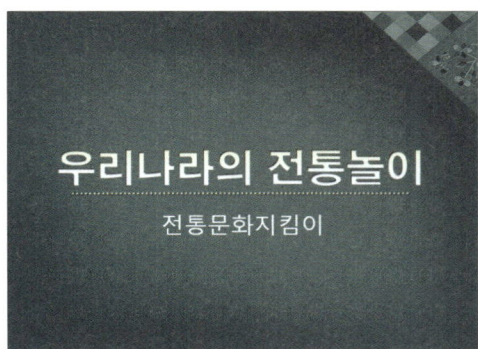

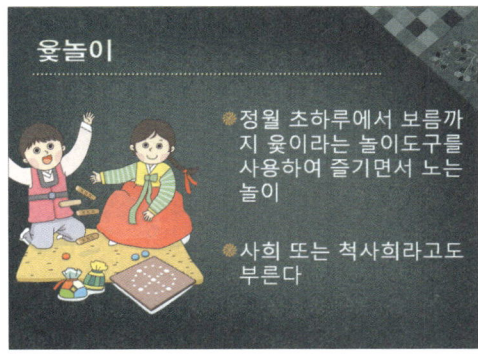
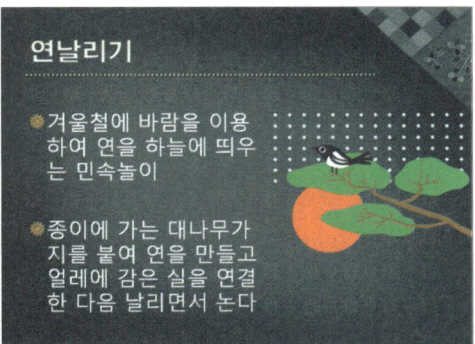

HINT

전환 효과 설정하기
- 1번 슬라이드 : [슬라이드 화면 전환] – '파장', [소리] – '북소리', [기간] – '02.00'
- 2번 슬라이드 : [슬라이드 화면 전환] – '벌집형', [소리] – '카메라', [기간] – '05.00'
- 3번 슬라이드 : [슬라이드 화면 전환] – '큐브', [소리] – '흡입기', [기간] – '02.50'
- 4번 슬라이드 : [슬라이드 화면 전환] – '문', [소리] – '박수', [기간] – '02.00'

memo